国家社科基金项目（17CJL008）研究成果

浙江省自然科学基金项目（LY17G030001）研究成果

浙江省一流学科工商管理研究成果

杭州市社科优秀青年人才培育计划资助研究成果

杭州市重点学科国际贸易学研究成果

杭州市哲学社会科学重点研究基地"企业社会责任与可持续发展研究中心"研究成果

中国对外直接投资的
产业结构升级效应研究

俞佳根 /著

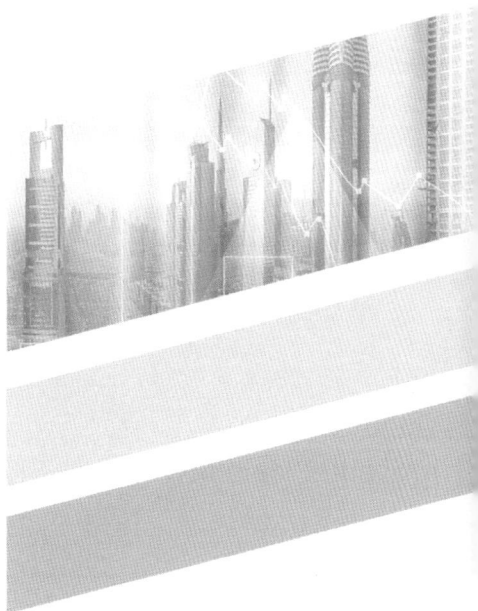

ZHEJIANG UNIVERSITY PRESS
浙江大学出版社

图书在版编目(CIP)数据

中国对外直接投资的产业结构升级效应研究 / 俞佳根
著. —杭州:浙江大学出版社,2018.8
ISBN 978-7-308-17406-0

Ⅰ.①中… Ⅱ.①俞… Ⅲ.①对外投资—直接投资—
产业结构升级—研究—中国 Ⅳ.①F832.6②F121.3

中国版本图书馆 CIP 数据核字(2017)第 225462 号

中国对外直接投资的产业结构升级效应研究

俞佳根 著

责任编辑	杨利军 沈巧华
责任校对	丁沛岚 夏湘娣
封面设计	春天书装
出版发行	浙江大学出版社
	(杭州市天目山路 148 号 邮政编码 310007)
	(网址:http://www.zjupress.com)
排 版	杭州朝曦图文设计有限公司
印 刷	虎彩印艺股份有限公司
开 本	710mm×1000mm 1/16
印 张	9
字 数	143 千
版 印 次	2018 年 8 月第 1 版 2018 年 8 月第 1 次印刷
书 号	ISBN 978-7-308-17406-0
定 价	31.50 元

前　言

当前,全球经济进入"后危机时代",世界经济由失衡到再平衡需要经历一个长期的过程,国际贸易保护主义愈演愈烈,出口导向的外向型经济发展模式受到了极大的挑战。从国内来看,生产要素价格持续波动式上升,资源要素短缺局面在短期内难以根本扭转,粗放型的经济增长方式亟须加快转型升级。

作为发达经济体特有的经济活动,对外直接投资(Outward Foreign Direct Investment,OFDI)这一现象最早出现在发达经济体之间。1970—1991 年,发达经济体的对外直接投资占全球的比例达到 90% 以上。与发达经济体不同的是,发展中经济体由于所在地区基础设施建设薄弱、经济发展缓慢等原因,对外直接投资发展较为滞后。然而,近年来以中国为代表的广大发展中经济体的对外直接投资规模快速扩大,投资效益不断提升。2002 年,中国对外直接投资规模及其世界占比分别为25.2 亿美元和 0.5%;到了 2014 年,这一规模和占比骤升至 1231.2 亿美元和 9.1%,投资规模年均增长 37.5%。①

国内外学者开展了大量关于对外直接投资与产业结构升级的相关研究。现有的研究和理论成果主要集中在产业结构升级的界定和测度方法,以及对外直接投资与产业结构升级的区位和产业选择、机理关联、升级效应等方面。因在分析产业结构升级水平的影响因素时大多学者采用传统的计量经济模型,因此得出的结论也不同。本书在梳理相关理

---

① 根据《2014 年度中国对外直接投资统计公报》、联合国贸易和发展会议(United Nations Conference on Trade and Development,UNCTAD)数据库资料综合计算所得。

论文献的基础上分析了中国对外直接投资的发展现状和主要特征,借助空间分析方法从时间和空间两个视角研究了我国产业结构升级水平的演化情况。在理论方面,研究了对外直接投资对产业结构升级的影响机制;在实证方面,借助地理探测器模型和传统计量模型就中国对外直接投资的产业结构升级效应做了相关研究。

本书共由 6 个部分组成,第 1 部分为绪论,简要介绍了当前全球对外直接投资的发展和研究现状,在梳理国内外相关文献的基础上,阐述了本书的主要研究内容和研究的技术路线,介绍了本书所采用的研究方法,提出研究过程中存在的难点和主要创新点。第 2 部分为理论分析,主要介绍对外直接投资的相关经典理论和产业结构升级的影响机制。第 3 部分和第 4 部分为现状分析,第 3 部分介绍我国对外直接投资的发展历程和主要特征;第 4 部分在测度我国产业结构升级水平的基础上,主要介绍近年来我国产业结构升级水平的空间格局演化特征。第 5 部分为实证分析,运用地理探测器模型分析我国产业结构升级的主要影响因素,同时运用传统计量分析工具,结合空间分析方法,分析我国对外直接投资的产业结构升级效应。第 6 部分为全书的主要结论和政策建议。

俞佳根

2017 年 3 月

目　录

1 绪 论

1.1 研究背景与意义

1.1.1 问题的提出

2014年,国务院政府工作报告明确指出,要加快产业结构调整,推进转型升级,推动我国发展"从国际产业分工中低端向中高端提升"。党的十七届五中全会明确提出,加快实施"走出去"战略,积极推动我国具备条件的企业通过对外投资等方式在全球进行产业布局,充分利用国内国外两个市场、两种资源,实现可持续发展。党的十八大提出,当前我国依然面临着产业结构不合理、转变经济发展方式任务艰巨等一系列问题。2015年、2016年国务院政府工作报告相继提出,当前我国要大力加强产业结构调整力度,优化产业空间布局,培育新兴产业和战略性产业,推进我国产业结构向中高端迈进,重新塑造我国产业链、价值链和供应链地位。与此同时,要进一步加快"走出去"战略实施进度,大力推进我国企业对外投资,积极参与国际竞争,充分发挥有效投资在稳定我国经济增长、调整产业结构中的关键作用。

对外直接投资这一现象最早出现在发达经济体之间,曾是发达经济体特有的经济活动。1970—1991年,发达经济体的对外直接投资占全球的比例达到90%以上。然而,近年来发展中经济体对外直接投资占全球的比例显著上升,从2000年的7.6%骤升至2014年的34.6%。相反,发达经济体对外直接投资占全球的比例则呈现明显下滑态势,从 2000 年的 92.1％骤降至 2014 年的 60.8％,下降幅度显著,但总体而言,发达经济体一直占据全球对外直接投资的主导地位。[①]

作为开放经济条件下不同经济体融入经济全球化的重要途径之一,对外直接投资发展迅速,投资规模不断扩大,水平不断提升。与此同时,国际贸易发展却相对缓慢,传统的以商品贸易为主的国际经济交往被打破,对外直接投资逐步取代国际贸易成为国际经济一体化中的核心力量。随着对外开放水平的不断提升和国际竞争力的不断增强,中国已经成为新兴的对外直接投资来源国和对外经济合作的重要参与国,世界影响力不断提高。

从我国实际情况来看,近年来中国企业"走出去"步伐不断加快。在 2013 年全球对外投资总额急剧下降的背景之下,中国对外直接投资总额却持续增长。据《2014 年度中国对外直接投资统计公报》统计,2014 年中国对外直接投资流量创下 1231.2 亿美元的历史新高,同比增长 14.2％,连续三年成为全球三大对外投资国之一。2014 年,我国有 1.85 万家企业对 186 个国家或地区进行了对外投资,对外直接投资企业资产总额达到 3.1 万亿美元。自 2000 年以来,我国对外直接投资流量和在全球的占比持续上升。在流量方面,2000 年我国对外直接投资流量及其全球占比分别为 9.2 亿美元和 0.1％;而在 2014 年,则分别上升到 1231.2 亿美元和 9.1％,位居世界第三。在存量方面,2000 年我国对外直接投资存量及其全球占比分别为 277.7 亿美元和 0.4％;到了 2014 年,则分别上升到 8826.4 亿美元和 3.4％,位居世界第八。[②]

对外直接投资的迅猛发展对中国经济产生了深远而广泛的影响。对外直接投资是我国企业获取国外先进技术或研发平台、寻求国外资源和能源、获得品牌价值优势、拓展市场和营销渠道优势,从而提升其国际竞争力的重要手段,更是推动中国产业结构优化升级、促进国内经济发展的重要影响因素。自我国明确提出"走出去"战略以来,我国的产业结构不断优化升级,第二、三产业产值占 GDP 的比重不断上升,第一产业

---

① 根据联合国贸易和发展会议数据库相关数据整理计算所得。

② 根据《2014 年度中国对外直接投资统计公报》、联合国贸易和发展会议数据库相关数据整理计算所得。

占 GDP 比重逐年下降,且幅度均较大。与此同时,中国经济取得了举世瞩目的成就,经济快速增长,国际地位显著提升。据《2015 世界投资报告》统计,2014 年,中国国内生产总值达到 10.1 万亿美元,比 2001 年的 1.3 万亿美元增长了 6 倍多。

虽然我国对外直接投资的发展取得了长足进展,但不可否认的是,与其他国家或地区相比,仍相对滞后。据联合国贸易和发展会议统计,2014 年中国对外直接投资流量相当于当年外商直接投资流量的 90%,对外直接投资存量相当于当年 GDP 总量的 7.25%,虽高于同期发展中经济体,但低于同期全球、转型经济体,远低于发达经济体。

对外直接投资从本质上说是资本要素在不同国家或地区之间的单向流动。随着国内资本要素的减少,资本要素流出国(母国)经济发展将会受到一定的影响。此外,对外直接投资有利于增加母国在东道国的资产,从而为其带来额外收益。与此同时,人才、技术、资源等生产要素伴随着资本要素的流动而流入东道国,对于东道国的经济发展也将产生重要影响。作为产业结构升级的重要影响因素之一,对外直接投资影响母国产业结构升级主要表现在三个方面:一是产业大规模对外直接投资改变了原有的产业结构,从而影响国内产业结构升级;二是通过对外直接投资,企业对母国中间产品的需求结构也将发生变化,进而影响国内产业结构的变化与升级;三是通过对外直接投资,企业在东道国获得反向技术外溢、外部经济等效应后可以快速发展壮大,随后通过产业关联、需求效应和扩散效应等间接影响母国产业结构优化升级。

国内外学者对对外直接投资与产业结构升级展开了相关研究,界定了产业结构升级的内涵(李子伦,2014;唐艳,2011),提出了产业结构升级的测度方法(王滢淇,阚大学,2013;李逢春,2012;潘颖,刘辉煌,2010;徐德云,2008;周昌林,魏建良,2007;杨晓猛,2006;靖学青,2008),研究了对外直接投资推动产业结构升级的区位和产业选择问题(陈亮恒,2015;李新,2014;李述晟,2013;雷鹏,2012;方明媚,2008;王玉宝,2009),揭示了对外直接投资与母国产业结构升级的机理(尹忠明,李东坤,2015;贾妮莎,韩永辉,邹建华,2014;宋维佳,王军徽,2012;赵伟,江东,2010),剖析了对外直接投资的产业结构升级效应(霍忻,2014;遇芳,2013;杨建清,周志林,2013;李逢春,2012;Barrios, Gorg, Strob, 2005;

Lipsey,2002；Advincula,2000）。现有的研究和理论成果主要集中在产业结构升级的界定和测度方法、评价模型，以及对外直接投资与产业结构升级的区位和产业选择、机理关联、升级效应等方面，因在分析产业结构升级水平的影响因素时大多学者采用传统的计量经济分析框架，因此得出的结论也不同。而我国产业结构升级的演化情况是怎样的？不同区域之间的产业结构升级水平是否存在一定的空间关联？除了运用传统的计量经济分析理论，能否从另外的角度来研究、验证我国产业结构升级水平的影响因素？我国不同地区对外直接投资的产业结构升级效应又有何差异？现有的理论成果还未能很好地回答这些问题。基于此，本书通过利用探索性空间数据分析方法，分析我国产业结构升级水平差异的时空格局演化特征，在此基础上，运用地理探测器模型和传统计量模型分析我国产业结构升级水平的影响因素，研究对外直接投资的产业结构升级效应，从多角度分析我国不同地区的产业结构基础及对外直接投资促进产业结构升级效应的差异性，这也正是本研究的出发点与核心意义所在。

1.1.2　产业结构升级的必要性与紧迫性

1.1.2.1　产业结构升级是新常态下我国经济健康发展的重要保障

2014 年 5 月，习近平在河南考察时首次提及"新常态"，指出当前我国经济发展要适应新常态，针对当前经济发展应保持战略上的平常心态。习近平在谈及经济新常态时指出，新常态下，中国经济结构优化升级，发展前景更加稳定。根据《2014 年国民经济和社会发展统计公报》，2014 年，我国第一产业增加值实现 58332 亿元，增长 4.1%，占 GDP 的 9.2%；第二产业增加值实现 271392 亿元，增长 7.3%，占 GDP 的 42.6%；而第三产业超过第二产业，增加值实现 306739 亿元，占 GDP 的 48.2%，实现了快速增长。各种数据显示，近年来我国产业结构不断优化，产业结构日趋合理，突出表现在：以金融业、服务业特别是以互联网经济为代表的第三产业发展迅速；以制造业为代表的第二产业不断发展，工业制造体系不断完善，技术水平不断提升，产品竞争实力不断增强。但不可否认的是，在我国人口红利即将消失和环境承载力不断下降的情况下,我国产业结构仍然存在诸多问题,农业基础地位仍然较为薄弱,工业自主创新能力不强,服务业特别是现代服务业与其他产业发展不平衡,居民消费对经济增长的贡献仍然有限,环境污染与产能化解的矛盾仍然突出。

适应经济新常态,引领经济新常态,推动我国经济发展上新台阶,关键还是在于转变发展方式,调整经济结构,推动产业结构升级。因此,加快转变经济发展方式,优化产业结构,构建现代产业发展新体系,推进经济转型升级,是当前摆在我国各级政府面前的一项重大战略任务。

1.1.2.2　产业结构升级是我国继续保持经济中高速增长的客观要求

近年来,进入新常态的中国经济增速有所放缓。2014 年,我国经济增长率为 7.4%,2015 年则下滑至 6.9%,相比于 2007 年的 14.2%,[①]下降幅度明显,但是与其他国家或地区相比,我国经济增速仍在较高增速的合理区间。新常态下的中国经济在强调保持经济高速增长的同时,应更加注重国内产业结构的调整,而结构调整最为重要的就是产业结构的转型升级。此外,我国"十三五"发展规划强调,要引领经济发展新常态,推进供给侧结构性改革,优化要素配置,培育壮大新兴产业,改造提升传统产业,推动产业结构升级,扩大有效和中高端供给,加快培育新的发展动能。由此可见,作为"十三五"时期转变我国经济发展方式的主攻方向,积极推进我国产业结构转型升级,不仅有利于我国经济继续保持中高速增长,更有利于促进我国在全球价值链的地位不断提升。

当前,全球产业格局正在发生重大变化,新一轮技术革命汹涌而来,制造业竞争不断加剧,我国产业结构发展面临着巨大的机遇和挑战。然而我国各产业之间发展不协调,存在着产能过剩、关键技术缺乏、产业融合不理想等突出问题。因此,加快推进我国产业结构升级,积极推动我国产业发展重点从强调增长导向的数量关系逐步向强调产业融合的质量关系转变,已刻不容缓。

---

① 章轲. 人大报告:预计 2015 年全年 GDP 实际增速为 6.9% [EB/OL]. (2015-11-23) [2016-1-13]. http://finance.sina.com.cn/china/20151123/011923820640.shtml.

1.1.2.3 产业结构升级是加快推进我国融入经济全球化的必然过程

20 世纪 90 年代以来,以贸易自由化、生产全球化、金融国际化等为主要特征的经济全球化迅速发展,其中生产的全球化更是掀起了全球产业结构调整的浪潮。经济全球化也为各国产业结构转型升级创造了条件,扩大了市场,提供了便利,同时也摆脱了资源束缚。经济全球化实质就是产业的全球化。因此,产业结构转型升级是经济全球化的核心内容和必然过程。

不可否认的是,由于资金、技术、市场等方面的制约,我国的产业结构一直以劳动密集型产业为主,在全球价值链中往往处于低端生产环节,企业研发能力薄弱,管理水平较低,产品附加值低,居于利润的被支配地位。与此同时,由于资金、劳动力在劳动密集型产业的不断累积,出现了产能过剩、利润下降、增速放缓等现象。由于没有高层次的产业结构,资本和劳动报酬较低,难以创造高附加值的产品。可见,当前我国的产业结构已难以适应经济全球化的需要。因此,在经济全球化浪潮中,加快推进我国产业结构转型升级,在世界产业大格局中占据有利地位,实现我国在全球价值链环节中由低端到高端的不断攀升,已经成为我国当前亟待解决的主要问题之一。

1.2 文献综述

1.2.1 对外直接投资定义的相关研究

目前,一些国际组织对对外直接投资进行了明确的定义。国际货币基金组织(International Monetary Fund,IMF)对对外直接投资的定义是"在投资者以外的经济(国家)所经营的企业拥有持续收益的一种投资,其目的在于对该企业的经营管理具有有效的发言权"[①]。经济合作与发展组织(Organization for Economic Cooperation and Development,

---

① IMF. Balance of Payments Manual. Washington D C,1977:405.

OECD)认为,对外直接投资是指一个国家或地区的居民或实体为实际控制东道国企业或分支机构,以及建立长期利益关系而进行的投资。对外直接投资是一国企业通过绿地投资、兼并收购或扩张现存国外设备的方式拓展其业务的一种商业策略。对外直接投资是企业在国内市场趋于饱和的情况下追求国外市场更多商机的一种自发过程。联合国贸易和发展会议则把对外直接投资定义为"一国(地区)的居民实体(对外直接投资者或母公司)在其本国(地区)以外的另一国(地区)的企业(外国直接投资企业、分支企业或国外分支机构)中建立长期关系,享有持久利益,并对之进行控制的投资"[1]。此外,《新帕尔格雷夫经济学大辞典》则将对外直接投资定义为"以工厂和土地等生产资料所有权或股票所有权控制厂商经营活动的投资"。[2]

我国相关机构也对对外直接投资进行了定义。国家统计局则将对外直接投资定义为"我国企业、团体等(简称境内投资主体)在国外及港澳台地区以现金、实物、无形资产等方式投资,并以控制国(境)外企业的经营管理权为核心的经济活动"[3]。

对外直接投资涉及资金、技术、管理等不同形式的资产或要素在母国和东道国之间的流动,其实质是投资主体通过对外投资行为获得对被投资企业的经营管理权和控制权,从而追求利益,获取更多的价值。由于本书研究的是中国的对外直接投资与产业结构升级效应,研究的角度是中国的实际国情,考察的是中国对外直接投资对产业结构升级的影响,因此本书采用国家统计局的定义。

1.2.2 产业结构升级内涵的相关研究

产业结构升级的概念最早可以追溯到美国经济史学家罗斯托(Rostow,1960)提出的经济成长阶段理论。该理论认为,一国的经济社会发展将依

---

① 联合国贸易和发展会议. 2000 年世界投资报告跨国并购与发展. 北京:中国财政经济出版社,2001:286.

② 联合国贸易和发展会议. 2000 年世界投资报告 跨国并购与发展. 北京:中国财政经济出版社,2001.

③ 国家统计局. 对外经济贸易. (2013-10-29)[2014-09-16]. http://www. stats. gov. cn/tjsj/zbjs/201310/t20131029_449534. html.

次经历传统社会阶段、准备起飞阶段、起飞阶段、走向成熟阶段、大众消费阶段和超越大众消费阶段等六个阶段,而产业结构的调整升级是经济社会发展不同阶段跨越的关键。

主流产业经济认为,产业结构升级内涵包括三个层次:产业结构合理化、产业结构高度化、产业结构高效化。产业结构合理化主要是依据产业关联客观比例关系来调整不协调的产业结构,以促进国民经济各产业间的协调发展。产业结构高度化是指遵循产业结构演变规律,通过创新,加速产业结构从低层次结构向高层次结构演进。产业结构高效化是指产业结构效率不断提高,由低生产率、低技术含量产业向高生产率、高技术含量产业演进,最终促使资源由低效产业向高效产业转移。①

国外学者主要围绕产业结构升级的定义展开相关研究,认为产业结构升级主要表现在产品质量的提升,以及在全球价值链中由低级到高级的转变上。如Gereffi(1999,2015)认为产业结构升级是指企业或经济体转向技术先进的资本或技术密集型经济领域从而不断提升自身能力的过程,在这一过程中国家、公司等经济主体在全球生产网络中实现由低级到高级的转变。Ernst(2001)详细研究了产业结构升级的内涵。他认为专业化和一体化是产业结构升级的核心实质,具体而言,主要表现在五个方面:一是产业内的升级,即从低附加值产业(如轻工业)到高附加值产业(如重工业和高技术产业)的转变;二是生产要素的升级,即从自然禀赋(如自然资源与非技术劳动力)到物质资本、人力资本(如专业技能)和社会资本(如一个地区的支持服务)等"创造资产"的升级;三是消费需求层次的升级,即从必需品到奢侈品的升级;四是价值链阶段从销售、发行到最终组装和测试以及组件制造、工程设计、产品开发和系统集成的升级;五是前向关联和后向关联的层次结构升级,即从有形的产品制造投入到知识密集型的支持服务等各种无形资产的升级。Poon(2004)认为产业升级具体表现为企业生产产品的转变,即由劳动密集型产业的低价值产品向资本或技术密集型的高价值产品转变。Pietrobelli和Rabellotti(2006)提出,产业升级是企业不断追求更多价值,以提高价

---

① 方慧,吕静,段国蕊.中国承接服务业国际转移产业结构升级效应的实证研究.世界经济研究,2012(6):59.

值链内相对竞争地位的过程,在这一过程中涉及价值增值和高附加值产品的创造。Azadegan 和 Wagner(2011)则认为,产业升级就是制造技术从简单到复杂不断循序发展的过程,对后进入者而言,产业升级可以作为一种高效的进入途径。

近年来,我国学者对产业结构升级的含义也做了相关研究。李子伦(2014)认为产业结构升级即产业结构的高级化,是指产业结构从低级形态向高级形态不断变迁的过程。刘永萍、王学渊(2014)认为产业结构升级是指三次产业就业比重和产值比例由低水平逐步过渡到高水平的过程。方慧、吕静、段国蕊(2012)从产业之间的关联程度、层次演进、结构效率等三个方面就产业结构升级的内涵做了研究。他们认为产业结构升级主要是指产业结构的合理化、高度化和高效化。邹一南、石腾超(2012)认为产业结构升级的表现形式较多,但其本质包含结构变迁和效率提升两个方面。结构变迁指产业间产值比重的变化,效率提升则是指生产效率的提升。杜传忠、郭树龙(2011)以生产效率为依据,认为产业结构升级是产业间或产业内的生产效率由低到高的动态演变过程。姜泽华、白艳(2006)认为作为一个复杂的动态系统,产业结构升级的过程就是国民经济社会化、工业化和现代化的过程,是产业结构中产业地位、关系向更高级、更协调的方向转变的过程,其实质内容包括产业结构规模的扩大、产业结构水平的提高和产业结构联系的紧密。

上述研究主要是基于传统产业结构升级的内涵的,研究视角大多基于宏观的角度,强调从产业层面理解产业结构升级的概念,以结构优化和效率提升为主要标志对产业结构升级进行定义。但有学者从产业价值链视角研究产业结构升级的含义。如林晶、吴赐联(2014)从技术和附加值的角度出发,认为产业结构升级实质上是产业技术和附加值由低级到高级的转变。许南、李建军(2012)认为由于产品内部分工的不同和不同产业的相互融合,产业结构升级主要表现为在价值链环节中由低到高的攀升。唐艳(2011)提出在全球化框架下,研究产业结构升级问题应把握新的时代背景所赋予的新内涵,她认为产业结构升级主要表现在全球产业价值链中价值环节的提升。姚志毅、张亚斌(2011)认为在全球生产网络背景下应从构成产业结构升级的主体升级、同一生产网络内的产业结构梯次升级、关联与外溢效应升级、区域和产业国际竞争力的升级等四个方面赋予产业结构升级新的内涵。

以上研究主要从全球生产网络或全球价值链层面出发,将不同产业划分为不同的生产阶段,不同的生产阶段组成附加值不同的价值链,而产业结构升级就是从低附加值阶段到高附加值阶段的跃升。因此,研究的视角更为开阔,研究的方法也较为全面,对产业结构升级含义的认知也有进一步的拓展。

1.2.3　产业结构升级与产业升级的异同

由于产业升级概念广泛、复杂,内涵丰富、深刻,不同国家产业发展的重点亦有所不同,产业升级的表现形式也各有特点,因此目前学术界尚未对产业升级的概念和内涵形成统一的认识。总体而言,目前相关学者对产业升级的含义主要从两个层面进行界定:一是从宏观视角审视,认为产业升级包括产业部门的升级以及产业层次结构的高度化。产业层次结构的高度化是指随着经济向前发展、工业化的不断推进,一国不同产业间的结构比例不断优化,产业内集约化的进程不断加剧;二是从微观视角分析,认为产业升级指企业生产水平的不断提升,产品附加值不断增加。产业升级的实质是要素的流动,即要素从相对低价值的产业、行业、价值链向相对高价值的产业、行业、价值链流动,以实现要素效用的最大化。产业升级的过程就是产品竞争力逐渐提升,企业综合实力不断增强,相关产业结构不断优化发展的过程。

关于产业结构升级与产业升级的内涵是否一致,学术界也主要存在两种观点:一是认为两者内涵相同,即认为产业结构升级就是产业升级,具体表现为一国经济结构由高附加值、高技术产业不断代替低附加值、低技术产业的过程。如喆儒(2006)认为,产业升级是指产业层次由低级到高级不断转换的过程,主要表现为产业总量的增长和产业结构的升级。另一种观点则认为,两者含义不同。相对于产业结构升级,产业升级更注重某一具体产业劳动生产率的提升、技术含量的增加、高附加值产品的不断增多,而产业结构升级则注重不同产业间的比例关系,这种关系强调与国民经济发展的适应性和平衡性。如李晓阳、吴彦艳、王雅林(2010)将产业升级内涵从宏观和微观两个方面做了区分:宏观方面是指产业升级,即产业结构的改善;微观方面则是指产业素质和效率的提升。李江涛、孟元博（2008）认为，产业升级的含义更深、层次更高，产业升级不仅包括产业结构升级，还包括产业深化发展。产业升级不仅侧重于不同产业之间的时空布局，也侧重于同一产业不同时空下的发展状态。

以上相关研究对产业结构升级的内涵做了有意义的尝试，具有一定的启发性，但产业结构升级内涵的界定仍然需要在更为广泛的基础上进一步明确。产业结构升级和产业升级两者在概念上相似，但在内涵上还是存在一定的差异性。产业升级一般包括两个方面：宏观方面主要是基于产业结构合理化、高级化视角，侧重于产业之间的均衡协调发展；微观方面主要是基于企业竞争力视角，侧重于某一产业内部劳动效率的提高和产品质量的升级。因此，产业升级从内涵界定上更为宽泛，含义也更为深远。而产业结构升级则侧重于不同产业之间发展的均衡性，强调不同产业间的发展状态与国民经济发展的适应性和平衡性，突出产业结构的合理化、高级化发展过程。

1.2.4　对外直接投资影响产业结构升级的相关研究

1.2.4.1　对外直接投资与产业结构升级：综合效应

关于对外直接投资的产业结构升级效应，国内外学者做了大量的研究。有学者认为，对外直接投资对产业结构升级存在着综合效应：在不同程度或不同方面存在着正面效应或负面效应，即两者兼而有之。如卢平（2009）认为，对外直接投资对母国存在宏观、中观和微观三个维度的效应。通过产业内部、产业之间和企业内部的结构调整，对外直接投资存在着产业结构效应。他认为，对外直接投资对产业结构能否起到调整作用的关键在于其本身是否理性、科学，无序、盲目的对外直接投资不仅不利于本国产业的发展，而且会削弱原有产业的发展基础，甚至导致产业出现空心化，从而对产业结构升级起到反向作用。在实证研究方面，王滢淇、阚大学（2013）则认为，我国不同地区的对外直接投资的产业结构升级效应存在差异：在东部地区，对外直接投资促进了所在地区的产业结构升级；而在中部与西部地区，对外直接投资的产业结构升级效应则不明显。杨仙丽（2013）利用 2003—2012 年的实证数据进行研究，发现浙江省对外直接投资的产业结构升级效应较为明显,但短期影响程度不明显。姜甘伟(2013)通过研究发现,我国的对外直接投资可以促进我国产业结构升级,但目前这种影响效应很小。李逢春(2012)借鉴钱纳里模型,运用面板回归分析方法进行研究,认为对外直接投资的数量和水平决定着其产业升级效应程度。对外直接投资的数量越大、水平越高,其效应和推动作用就越明显;而对外直接投资的节奏和不规则度则对产业升级存在反向调节作用。潘颖、刘辉煌(2010)认为,影响产业结构升级的因素主要包括科技进步、消费需求、固定资产投资、进出口贸易、对外直接投资等方面。他们运用协整理论就对外直接投资与产业结构升级的格兰杰因果关系进行了检验。研究发现,对外直接投资在短期内促进产业结构升级的效应不明显,但其长期效应则较为明显。

有观点认为,对外直接投资能够促进母国的产业结构升级。对外直接投资可以实现国内传统产业的外部迁移,为国内具有相对竞争优势的产业创造更多的资源和发展空间,获取国外更多先进技术和管理经验,从而推动本国产业结构优化升级。如赵伟、江东(2010)认为,伴随着对外直接投资动因由初级到高级的叠进式升级,母国产业结构会由劳动密集型升级到资本密集型,再升级到知识与技术密集型。在实证研究方面,霍忻(2014)运用行业面板数据模型,以2010—2012年我国农副业、采矿业、制造业、租赁和商务服务业、计算机服务软件业、技术服务业等六个行业为研究对象进行研究。通过研究发现,上述六个行业的对外直接投资的产业结构调整效应显著。王英、周蕾(2013)利用2005—2011年我国29个省(区、市)的面板数据,运用广义最小二乘法分析了我国对外直接投资的产业结构升级效应。结果表明,对外直接投资显著促进了我国的产业结构升级。从作用渠道来看,市场导向型和资源获取型对外直接投资的促进作用显著,而资源获取型对外直接投资的促进作用略大。杨建清、周志林(2013)通过研究得出了我国对外直接投资有效地促进国内产业结构优化和升级的结论。郑磊(2012)利用2005—2009年中国对东盟国家的投资数据,运用灰色关联度法分析了对外直接投资对中国产业结构升级的影响。结果表明,中国对东盟国家主要通过技术寻求型和市场寻求型对外直接投资实现产业结构优化升级。汤婧、于立新(2012)选取我国具有代表性的七大行业的相关数据,运用灰色关联模型后发现,我国的对外直接投资存在不同程度的产业调整效应。冯春晓（2009）以我国制造业 15 个主要投资行业为研究样本，通过面板协整检验具体分析了我国对外直接投资的产业结构优化效应。通过研究发现，我国制造业的对外直接投资与产业结构合理化的相关性较强，但与产业结构高度化相关性较弱。

也有学者以有关国家（或地区）为研究对象，分析了对外直接投资对产业结构升级的影响。如陈建奇（2014）通过研究认为，日本对外直接投资的产业结构升级效应不显著，而韩国等地的对外直接投资的产业结构升级效应则较为显著。张海波（2011）专门研究了包括中国在内的东亚新兴经济体在 1980—2009 年的相关投资情况，发现对外直接投资流量对母国产业结构的影响大多不显著，而在存量方面其影响则较为显著。燕敏（2007）以日本与韩国为研究对象，选取 1970—2006 年日本的数据和 1980—2006 年韩国的数据，基于现代协整理论进行了相关研究。结果表明，日本和韩国的对外直接投资对他们各自国内产业结构的调整与升级关系密切。金明玉、王大超（2009）在研究韩国数据时也得出了类似的结论。李国平（2001）详细研究了日本的对外直接投资后，得出了对外直接投资较为成功地推进了日本产业结构的高级化以及日本企业的国际化经营这一结论。

国外学者也做了相关研究。如 Eliaa、Mariottib 和 Piscitelloa（2009）以意大利 1996—2002 年相关公司的数据为研究样本，在具体研究对外直接投资对本国就业和技能的相关影响时发现，对外直接投资可以通过改变母国劳动力结构，促进新技术整合优化母国产业结构。Kugler（2006）在研究哥伦比亚 1974—1998 年制造业相关数据后发现，东道国生产商对聚合资本形成的净影响取决于关联性与外溢性之间的相互作用，而跨国企业可以通过产业间的技术溢出效应将知识转移到国内下游企业或上游供应商，进而促进母国产业结构升级。Barrios、Gorg 和 Strob（2005）以爱尔兰为研究对象做了相关研究，认为跨国公司可以通过贸易效应带动国内相关企业发展，从而实现产业结构优化升级。Advincula（2000）通过研究发现，韩国产业结构调整和优化升级与本国企业以对外直接投资的方式向国外转移低端生产环节的行为密切相关。对外直接投资行为有助于韩国企业实现从价值链低端向高端过渡，从而促进国内相关产业结构升级。Svetlii、Rojec 和 Trtnik(2000)以斯洛文尼亚为研究对象,认为企业开展对外直接投资活动的内在驱动因素在于获得竞争优势。一国对外直接投资行为可以促进国内传统产业的结构调整。Dowling 和 Cheang(2000)在研究日本等国在工业化进程中的有关现象后发现,一国的对外直接投资与其国内产业结构变迁密切关联,特别是具有比较优势的赶超型国家,其对外直接投资与本国产业结构升级存在正向相关关系。Blomstrom、Konan 和 Lipsey(2000)也以日本为研究对象做了相关研究,他们通过实证分析发现,自从 1985 年日元贬值以来,日本许多公司纷纷在海外设立子公司,积极进行对外直接投资,而与此同时日本国内产业结构不断优化,逐步实现了产业结构由低级向高级的发展。Robert(2002)通过研究发现部分新兴工业化经济体通过对外直接投资的方式实现了经济体内产业结构升级。Ogawa 和 Lee(1995)以日本六大产业为例进行研究,发现劳动密集型产业的对外直接投资有利于产业结构优化。

另一种观点则认为,由于对外直接投资有可能加剧母国与东道国的产业竞争,不利于母国国内投资、人口就业、资源配置等,因此对母国的产业结构升级会产生负面影响。如遇芳(2013)认为,在宏观层面,我国对外直接投资的产业结构升级效应并不明显;而在微观层面,除了战略资产寻求型对外直接投资对劳动生产率具有一定的促进作用外,市场或效率寻求型对外直接投资则对企业劳动生产率没有影响。范欢欢、王相宁(2006)将我国与美国、韩国、日本等国在对外投资规模和产业结构方面进行横向比较后发现,除第二产业外,我国的第一、三产业结构变化与对外直接投资不存在关联,据此他们认为对外直接投资不能促进我国产业结构升级。Slaughter(2000)以美国跨国公司为研究对象进行研究,发现在过去 20 年间,美国跨国公司的对外直接投资行为对其国内产业结构升级不存在影响。持有相同或类似观点的还有田金、聂涛(2013),杜甲奇(2012),宓红(2012),谭延明、陈丽珍(2011),杜人淮(2011),Lipsey、Ramstetter、Blomstrom(2002),Barrell、Pain(1997)等。

综上所述,现有文献主要基于宏观视角,从理论和实证两个方面展开相关研究,在实证研究过程中大多采用传统的计量经济方法,研究对象是不同国家、不同地区和不同产业,得出的结论各不相同,但以得出正向作用的结论居多。鉴于我国对外直接投资起步较晚,与世界其他国家相比投资规模不大,且不同省份、不同区域产业基础不同,产业结构和发展重点也存在差异,因此在具体分析我国对外直接投资的产业结构升级效应时,应以不同省(区、市)的数据为研究样本,采用面板数据进行全局分析。

1.2.4.2　对外直接投资与产业结构升级:作用机制和影响机理

有学者从对外直接投资影响产业结构优化升级的作用机制和影响机理等方面展开了相关研究。如尹忠明、李东坤(2015)根据不同的投资动机进行研究,认为企业对外直接投资主要是为了获取资源、追求效率、扩大市场及寻求战略资源等,资源寻求型和市场寻求型是当前我国对外直接投资的重要形式和主要类型,效率寻求型对外直接投资在四种类型中所占比例最小,而战略资产寻求型对外直接投资呈现快速增长的趋势。贾妮莎、韩永辉、邹建华(2014)结合产业结构长期和短期效应两个机制分析了市场寻求型、战略资产寻求型和资源寻求型对外直接投资影响产业结构升级的内在机制。宋维佳、王军徽(2012)以制造业为研究对象进行研究,认为制造业是一个由系统输入、输出和环境构成的过程,而对外直接投资正是通过在这一过程中实现的不同效应来影响制造业产业结构升级的。他们认为,制造业对外直接投资存在正面效应和负面效应,正面效应主要通过供给效应和竞争效应来实现产业结构升级,而负面效应主要体现在国内资本流出和投资损失两个方面。赵伟、江东(2010)认为,不同国家的对外直接投资主要通过产业转移效应、产业关联效应和产业竞争效应等内在机理来实现产业结构升级。发达国家可以通过对外直接投资的产业转移效应与产业后向关联效应来实现产业结构升级,而新兴工业化国家在对外投资过程中可以通过向发展中国家转移边际产业或从发达国家、其他新兴工业化国家那里获取技术的产业前向关联效应来促进产业结构升级。宋维佳(2008)详细研究了对外直接投资的产业传导效应,他认为这种效应主要通过资源补缺、边际产业转移、新兴产业成长等三个效应来实现。冯志坚、谭忠真(2007)认为一国可以通过提升产业竞争力,实施产业重组促进国内产业结构升级,而对外直接投资可以通过对投资主体的直接知识溢出效应和其他经济主体的间接知识溢出效应来提高母国产业竞争力。曹秋菊(2006)认为对外直接投资对产业结构调整正效应的实现途径主要表现在以下三个方面：一是获取国外资源，以促进产业结构的调整；二是转移传统产业，有助于新兴产业的发展；三是引进竞争机制，通过辐射效应使产业整体素质优化。汪琦(2004)认为对外直接投资可以弥补投资国资源短缺的缺陷，推动传统产业转移，促进新兴产业发展，获取高额投资收益等，进而促进国内产业结构升级。与此同时，对外直接投资也存在抑制作用，可能会加剧重合产业竞争，造成国际收支失衡，国内产业结构升级因此受阻。魏巧琴、杨大楷(2003)认为，对外直接投资可以通过外溢作用推动母国产业结构向高端化发展。外溢作用主要体现在投资企业技术水平提高、资源储备和原材料来源增加、国际收支状况改善、金融风险防范、政治地位提升等六个方面。江小涓、杜玲(2002)认为对外直接投资可以通过企业内部、产业内部以及产业之间的结构调整与转移影响母国产业结构升级。

综上，对外直接投资主要依据不同的作用机制和传导途径来实现产业结构升级。微观视角主要以企业为分析对象，将企业对外直接投资依据投资动因从市场、技术、品牌、资源等划分为不同的投资类型。不同投资类型依据不同的实现路径来促进企业所在产业及其他关联产业的发展，以实现产业结构升级。宏观视角主要从投资机理出发，分析不同产业之间、不同行业之间以及行业内部联动的产业转移、产业关联、产业竞争等效应的作用机制。

1.2.4.3 对外直接投资与产业结构升级：产业和区位选择及投资策略

有学者从产业和区位选择、投资策略等方面进行了对外直接投资和产业结构升级的相关研究。在产业选择上，李述晟(2013)认为我国产业结构整体水平较低，因此对外直接投资过程中应侧重海外技术和资源能源的获取，以此带动国内产业结构升级和优化。在区位选择上，在保持资源型国家战略投资的基础上，要加大对技术先进国家的学习型投资。雷鹏(2012)着重阐述了对外直接投资与产业安全的关系，通过构建"双目标"模型，提出了我国对外直接投资总体上要采取渐进性、多元化和动态性的产业选择战略，并就不同产业类型的选择战略分别做了研究。他着重强调对高新技术产业和服务业的对外直接投资，认为其是未来我国经济增长的潜力。宋维佳(2008)持有相同观点，由于我国对外直接投资起步较晚，因此他认为在投资过程中应仍然选择以资源开发业为重点投资产业，将服务业作为投资策略选择的同时，将高新技术产业作为战略性产业。马静、陈明(2008)和宋伟良(2005)在分析我国对外直接投资产业选择现状的基础上，结合我国经济发展的时代特征和产业发展的阶段性特点，认为我国对外直接投资应聚焦在资源开发产业、劳动密集型和成熟适用技术产业、高新技术产业以及服务业等方面。

也有学者依据产业选择相关标准有针对性地对不同产业的对外直接投资做了重点区分。如李新(2014)依据产业组合的区位比较优势、产业内垂直贸易量、结构高度化同质性等三个基准，提出我国在对外直接投资过程中应坚持以资源开发业作为预防性产业，以劳动密集型和成熟适用技术产业为主导产业，以服务业为策略产业，以高新技术产业为战略产业。在此基础上，还提出了亚洲、欧洲、美洲等相关地区的产业选择策略。尹德先(2012)认为，应该依据动态广义优势基准、产业关联度基准、结构高度化同质性基准以及东道国的外资政策基准，以战略目标为导向，加大对资源类产业、制造业和服务业等相关产业的投资力度。王玉宝(2009)认为我国对外直接投资应遵循资源获取、产业比较优势、产业递进、产业内垂直贸易量以及技术寻求等基准，并对不同国家和地区的对外直接投资产业选择策略进行了研究。陈漓高、张燕(2007)根据产业地位划分法把我国行业分为先导、主导、支柱以及瓶颈等四个产业类型，依据产业结构同质性基准、比较优势基准、贸易创造基准、国内投资的引致基准等四个基准提出了我国对外直接投资产业选择的基准圈。赵春明、何艳(2002)依据边际产业、产业相对优势、产业结构高度同质化、对国内相关产业的辐射效应等基准，认为我国对外直接投资应加大对制造业的投资力度，应重点投资生产能力过剩、适用技术成熟、小规模生产的制造业。在区位选择上应遵循就近原则和地区渐进原则。

在区位选择上，也有较多学者从区位优势和投资动机两个方面做了相关研究。一些学者认为，我国应依据国内较为明显的区位优势向周边国家和地区展开对外直接投资。如陈亮恒(2015)认为，我国企业在参与对外投资过程中对国外环境不熟悉,缺乏相应的对外投资经验。因此,在区位选择策略上要优先考虑区位优势明显的发展中国家,同时,要重视在科技创新、产品研发、管理经验等方面具有较大优势的发达国家,以实现全方位的对外投资分布格局;在产业选择策略上,应选择与国内其他产业联系较为密切的、具有相对优势的产业作为对外投资重点,以促进国内产业结构的转型和升级。李逢春(2013)运用灰色关联分析方法发现,我国流向亚洲地区的对外直接投资的产业结构升级效应较为明显,流向欧洲、北美、非洲地区的则依次下降。因此,他提出我国对外直接投资应首先选择周边的国家或地区,充分利用周边国家的资源、市场等优势条件,促进产业结构优化升级。方明媚(2008)提出,要把发展中国家作为我国对外直接投资的主要区位,特别是要大力发展对发展中国家制造业的投资,逐步建立制造业的国际生产体系。

也有学者认为,我国应依据不同的投资动机采取多元化的投资策略。如刘剑钊、姚程飞(2012)提出应结合亚洲、非洲、欧洲、美洲等不同区位的特点和我国各行业的发展实际,有针对性地做出我国对外直接投资的产业选择。他认为,技术寻求型投资应主要投资于美国、日本、欧盟等发达经济体,资源寻求型投资要结合资源分布情况和东道国的地缘政治、区域冲突等因素,市场寻求型投资应重点选择欧美等发达国家和地区。魏浩(2008)认为,我国对外直接投资主要包括基础资源寻求型、边际产业转移型和核心技术寻求型等三种类型,不同类型的对外直接投资区位应有所侧重。具体而言,基础资源寻求型和边际产业转移型对外直接投资应主要集中于发展中国家和地区,而美国、日本、欧洲等发达国家和地区则是核心技术寻求型对外直接投资的主要目的地。周新生(2007)认为我国在对外直接投资过程中应采取不同的产业策略:亚洲市场是我国在较长时期内对外直接投资的主要战略目标市场;对美洲市场,要加大高新技术学习型投资,实现多投资目标;对欧洲市场,要结合欧盟产业政策,选择高新技术行业,以学习型投资为主;对非洲市场,要有选择地投资进口替代型的资源开发业,转移成熟产业和生产能力过剩产业,以实现产业的梯度大转移。欧阳峣(2006)认为,我国对外直接投资过程中既要坚持以传统产业为基础,又要优先发展高新技术产业。据此,他提出我国大型企业应投资于发达国家和地区,中小型企业应投资于发展中国家和地区；相对于传统产业投资于周边国家，高新技术产业应以发达国家为主要投资区域，以培植产业竞争优势，从而促进产业结构的优化升级。

综上，相关学者依据产业选择相关标准、对外直接投资不同类型等就对外直接投资产业和区位选择、地区促进策略等方面进行了研究。在对外直接投资的产业选择上，总体而言，多数学者倾向于选择传统制造、资源开发等劳动密集型产业以及服务业、高新技术产业等；在区位选择上，则提倡根据不同的投资目的采取多元化的投资策略，在分类别的基础上有重点、有选择性地开展对外直接投资。

1.3 主要研究内容和研究技术路线

1.3.1 主要研究内容

本书共分 6 个部分，各部分的主要研究内容如下：

第 1 部分为绪论。本部分首先介绍研究的背景与意义，分析当前加快我国产业结构升级的必要性与紧迫性。梳理对外直接投资和产业结构升级的定义和内涵，以及产业结构升级与产业升级的异同，在厘清相关概念的基础上梳理、总结对外直接投资的产业结构升级效应的相关研究。随后，介绍研究的主要内容、所采用的研究方法。最后，在概括研究技术路线的基础上，提出研究存在的难点和可能存在的创新点。

第 2 部分为对外直接投资理论与产业结构升级影响机制分析部分。对外直接投资理论分析部分，主要介绍发达国家和发展中国家对外直接投资的经典理论，并且对垄断优势理论、国际生产折衷理论、产品生命周期理论等对外直接投资经典理论加以评述。在对外直接投资促进产业结构升级的影响机制分析部分，主要从微观和宏观两个视角具体分析对外直接投资影响产业结构升级的传导机制。在微观方面，结合案例分别阐述市场寻求型、自然资源寻求型、技术寻求型和战略资产寻求型对外直接投资的传导机制；在宏观方面，主要从产业转移效应、产业关联效应、产业竞争效应等方面分析对外直接投资影响产业结构升级的内在机制,为进一步分析我国对外直接投资的产业结构升级效应打下理论基础。

第 3 部分为中国对外直接投资发展概况,主要描述中国对外直接投资的发展历程,研究其发展现状和当前的主要特征。本部分首先依据中国对外直接投资的发展变迁,客观分析了不同发展阶段的主要情况。其次,依据中国商务部数据、中国对外直接投资统计公报数据及联合国贸易和发展会议数据库数据等,从投资规模、投资效益、地区分布、投资方式、行业主体等方面分析我国对外直接投资的主要特征。

第 4 部分为中国产业结构升级水平时空格局演化特征。本部分通过运用 ArcView 3.2、GeoDa 等空间统计软件从时间和空间两个维度分析近年来我国产业结构升级水平的演变特征,主要围绕产业结构升级水平增速、空间集聚程度等方面详细阐述我国产业结构升级水平差异总体特征和时空格局演化过程。

第 5 部分为中国对外直接投资的产业结构升级效应的实证分析。本部分主要借助 EViews、Stata 等传统计量分析工具,结合空间分析工具 ArcGIS、GeoDa 等,分析我国对外直接投资与产业结构升级水平的内在联系。在实证分析部分,以 2003—2014 年我国省(区、市)级面板数据为样本,选取非金融类对外直接投资流量、存量数据和产业结构升级指标,借助地理探测器模型和传统计量模型,定量分析两者之间的内在联系,得出的结论是我国对外直接投资与产业结构升级具有统计显著的正相关关系,总体而言,对外直接投资促进了我国产业结构升级。

第 6 部分为主要结论和政策建议。基于实证分析的结果,立足我国经济发展实际,从宏观、中观和微观三个层面提出提升我国对外直接投资促进产业结构升级的相关政策建议。最后,提出了研究的局限,并对可展开的后续研究做了展望。

1.3.2 研究技术路线

本研究以我国对外直接投资为研究对象,围绕产业结构升级效应这一主题展开深入研究,分析我国对外直接投资的发展现状和产业结构升级水平的时空格局演化情况,结合理论基础和相关数据,借助地理探测器模型和传统计量模型,运用计量分析工具,结合空间分析方法,从定性和定量两个层面分析和评价我国对外直接投资的产业结构升级效应,在此基础上结合我国经济发展实际,提出我国对外直接投资促进产业结构升级的相关政策建议。本研究的技术路线如图 1-1 所示。

1.4 研究方法

(1)理论研究与实证研究相结合。本研究以发达国家和发展中国家对外直接投资相关经典理论为基础,明确了相关概念的定义与内涵,辨析了产业结构升级与产业升级的异同,梳理、总结了对外直接投资与产业结构升级效应的相关文献,综合运用传统计量经济学分析方法、地理探测器模型等空间分析方法,就我国对外直接投资对产业结构升级的影响进行实证分析。

(2)静态研究与动态研究相结合。对外直接投资的产业结构升级效应是一个长期、漫长的动态过程,一般在较短的时间内难以显现,需要在较长的时间内通过实证分析来予以检验。此外,在具体分析过程中,由于涉及产业结构升级的影响因素较多,同时也存在诸多不确定的因素,因此动态研究还需要和静态研究相结合。基于此,本研究在分析我国对外直接投资对产业结构升级的影响的过程中,综合运用静态研究与动态研究相结合的分析方法,探究我国对外直接投资对产业结构升级影响的内在规律。

(3)传统计量分析方法与新兴空间分析方法相结合。综合现有的研究成果,大多数学者在分析产业结构升级水平的影响因素时大多采用SPSS、EViews、Stata 等传统的计量经济分析工具,得出的结论也不尽相同。鉴于我国产业结构升级水平存在区域相互影响、相互制约的特性,

```
┌─────────────────────────────────────────────────────────────────┐
│                         ┌──────────────┐                          │
│                         │   1 绪论      │                          │
│                         └──────────────┘                          │
│  ┌──────────┐ ┌────────┐ ┌──────────┐ ┌────────┐ ┌──────────┐    │
│  │研究背景   │ │文献综述 │ │主要内容、 │ │研究方法 │ │研究难点和 │    │
│  │与意义     │ │        │ │技术路线  │ │        │ │主要创新点 │    │
│  └──────────┘ └────────┘ └──────────┘ └────────┘ └──────────┘    │
└─────────────────────────────────────────────────────────────────┘
```

┌───┐   ┌──────────┐
│ 2 对外直接投资理论与产业结构升级影响机制分析   │   │   │
│ ┌────────┐→┌────────┐←┌────────┐   │   │ 文献梳理 │
│ │经典理论 │ │影响机制 │ │传导机制 │   │   │   │
│ └────────┘ └────────┘ └────────┘   │←──│ 归纳总结 │
│ ┌────────┐ ┌────────┐ ┌────────┐ ┌────────┐   │   │   │
│ │发达国家 │ │理论评述 │ │归纳总结 │←│微观视角 │   │   │ 案例研究 │
│ └────────┘ └────────┘ └────────┘ └────────┘   │   │   │
│ ┌────────┐   ┌────────┐   │   └──────────┘
│ │发展中国家│   │宏观视角 │   │
│ └────────┘   └────────┘   │
└───┘

┌───┐   ┌──────────┐
│ ┌──────────┐ ┌──────────────┐   │   │   │
│ │3 中国对外直接│ │4 中国产业结构升级│   │   │ 数据搜集 │
│ │投资发展概况 │ │水平时空格局演化特征│   │   │   │
│ └──────────┘ └──────────────┘   │←──│ 比较分析 │
│ ┌──────────┐ ┌──────────────┐   │   │   │
│ │中国对外直接 │ │产业结构升级水平的测度│   │   │ 空间分析 │
│ │投资的发展历程│ └──────────────┘   │   │   │
│ └──────────┘ ┌──────────────┐   │   └──────────┘
│ ┌──────────┐ │ 时间演化特征 │   │
│ │中国对外直接 │ └──────────────┘   │
│ │投资的主要特征│ ┌──────────────┐   │
│ └──────────┘ │ 空间演化特征 │   │
│   └──────────────┘   │
└───┘

┌───┐   ┌──────────┐
│ 5 中国对外直接投资的产业结构升级效应的实证分析   │   │   │
│ ┌────────┐ ┌──────────────┐ ┌────────┐   │   │ 模型构建 │
│ │流量数据 │ │ 地理探测器模型 │ │存量数据 │   │   │   │
│ └────────┘ └──────────────┘ └────────┘   │←──│ 计量分析 │
│ ┌────────┐ ┌──────────────┐ ┌────────┐   │   │   │
│ │模型检验 │ │ 传统计量模型 │←│模型修正 │   │   │ 模型优化 │
│ └────────┘ └──────────────┘ └────────┘   │   │   │
│ ┌────────┐ ┌──────────────┐ ┌────────┐   │   └──────────┘
│ │其他因素 │ │ 模型调整与优化 │←│进一步分析│   │
│ └────────┘ └──────────────┘ └────────┘   │
└───┘

┌─────────────────────────────────┐
│   6 主要结论和政策建议   │
└─────────────────────────────────┘

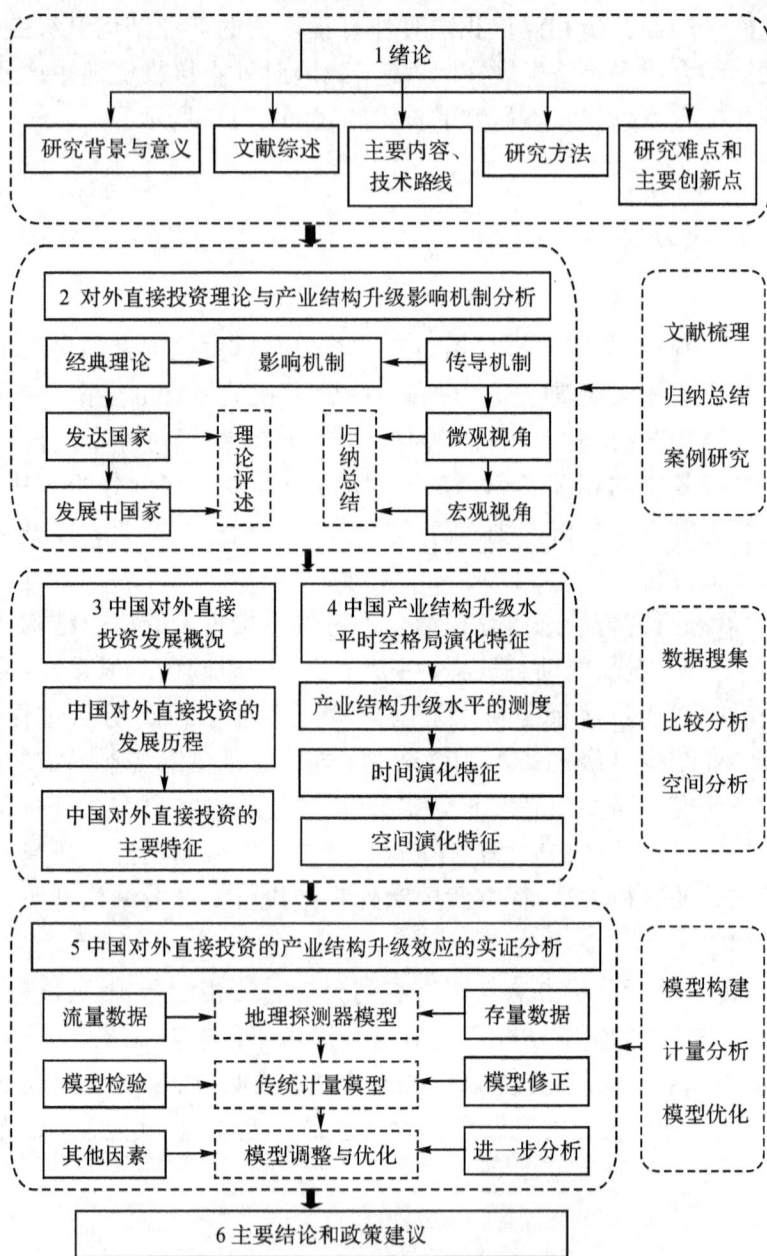

图 1-1　研究的技术路线

不同区域的产业结构升级水平可能存在一定的空间关联,本书采用空间分析方法,借助 ArcGIS、GeoDa 等软件对我国对外直接投资的产业结构升级效应进行分析,从另外的角度弥补传统计量分析方法存在的不足,从而进一步确保研究结论的真实性和可靠性。

综上,本研究综合运用理论研究与实证研究相结合、静态研究与动态研究相结合、传统计量分析方法与新兴空间分析方法相结合的具体研究方法,对我国对外直接投资的产业结构升级效应进行系统研究。

1.5 研究难点和主要创新点

1.5.1 研究难点

(1)理论研究存在一定的难度。对外直接投资的产业结构升级效应研究至今尚未形成独立的理论分析框架,相关研究成果大多停留在经典理论之中,专门的理论研究不够深入,大多是基于数据分析的实证研究。对外直接投资的产业结构升级效应研究涉及产业经济学、国际经济学、管理学等多个学科,因此,需要结合国际投资理论、产业组织理论、国际贸易理论等相关理论,梳理、分析对外直接投资影响产业结构升级的作用机制,建立关于对外直接投资对产业结构升级影响的分析框架。

(2)实证研究可能不全面。目前国内外就对外直接投资对于产业结构升级的影响的相关研究较多,得出的结论也不尽相同,究其原因在于相关研究所采用的数据和方法不同。此外,由于目前我国的对外直接投资尚未从产业的口径进行统计,因此研究无法依据各个行业的对外投资数据进行更深入的分析。要解决这一问题,需要搜集大量的数据,运用不同的研究方法和工具,本研究尝试从宏观和中观的角度搜集相关数据,分析我国不同区域、不同省(区、市)对外直接投资的产业结构升级效应。在此基础上,借助不同的计量工具进行整理、分析。由于数据搜集工作量大,获取途径有限,得到的结果可能并不全面。

1.5.2 主要创新点

本研究可能存在的主要创新点包括以下两个方面:

　　(1)研究方法的创新性。目前国内外学者在分析我国对外直接投资的产业结构升级效应时大多采用传统的计量经济分析方法。由于我国产业结构升级水平存在区域相互影响、相互制约的特性,不同区域的产业结构升级水平可能存在一定的空间关联,因此本研究将在综合运用EViews、Stata 等传统计量工具的基础上结合新兴空间分析方法,借助ArcGIS、GeoDa 等软件对我国对外直接投资的产业结构升级效应进行分析,从另外的角度弥补传统计量分析方法存在的不足,从而进一步确保研究结论的真实性和可靠性。

　　(2)研究视角的创新性。梳理对外直接投资影响产业结构升级效应的相关研究成果后发现,国内外学者在研究过程中主要将研究视角定位在对外直接投资这一变量上,对我国产业结构升级的相关研究则较少,鲜有学者从空间视角研究我国不同区域的产业结构升级水平。因此,本研究借助空间分析工具,具体分析我国产业结构升级水平的时空格局演化特征,全面掌握我国不同区域之间产业结构升级水平的空间关联情况,从而为下一步研究打下扎实的基础。

1.6　小结

　　本章首先阐述研究背景与意义,明确了研究对象,分析了当前加快我国产业结构升级的必要性与紧迫性,从对外直接投资对产业结构升级的综合效应、影响机制、产业和区位选择以及投资促进策略等方面进行了文献梳理。其次,介绍了主要的研究内容、所采用的研究方法,概括了研究的技术路线。最后,提出了存在的研究难点和可能存在的创新点。

2　对外直接投资理论与产业结构升级影响机制分析

2.1　对外直接投资相关理论

2.1.1　发达国家对外直接投资经典理论

发达国家相关学者基于企业跨国投资行为较早地进行了相关研究，对对外直接投资理论进一步完善、发展起到了积极作用。由于发达国家对外直接投资经典理论所处的时期和研究对象不同，研究假设和内容各有侧重，因此理论影响不尽相同。

2.1.1.1　垄断优势理论

垄断优势理论，又称所有权优势理论或公司特有优势理论，最早由美国学者海默（S. H. Hymer）于 1960 年提出，随后其导师金德尔伯格（C. P. Kindleberger）补充、完善了这一理论，故也被称为"海默—金德尔伯格理论"。该理论认为，市场的不完全性是企业进行对外直接投资的决定性因素。市场的不完全性主要表现在：①产品市场，如产品的异质性、商标优势、营销手段的差异等；②要素市场，如专利、专有技术形成的垄断，以及因资本获得的难易程度不同而导致的不完全竞争；③市场不完全，主要由规模经济和外部经济所导致；④市场扭曲，来源于政府干预、政策导向。该理论认为，一国具有的垄断优势主要包括市场垄断、生产垄断，而企业正是凭借这些垄断优势通过对外直接投资行为控制东道国市场,谋取高额垄断利润的。因此,对外直接投资是具有某一垄断优势的跨国公司为控制国外市场、获取更多垄断利润的投资行为。

垄断优势理论突破传统理论思想的束缚,以不完全竞争为假设条件,具体分析了跨国公司对外直接投资的动因和条件,较好地解释了第二次世界大战后部分发达国家对外直接投资迅速发展的内在原因。但是该理论主要是基于 20 世纪 60 年代美国跨国公司的对外投资行为,无法解释同一时期不具备垄断优势的发展中国家跨国公司日益增加的对外直接投资行为,因此得出的研究结论具有一定的局限性和片面性。

2.1.1.2 内部化理论

内部化理论最早由英国学者巴克利(P. J. Buckley)和卡森(M. Casson)于 1976 年提出。该理论基于竞争不完全和中间产品市场不完全等基本假设展开研究,认为在市场不完全的前提下,企业可以通过内部市场获得企业所需的营销经验、管理经验等各种知识中间产品,以谋求企业自身利益的最大化。为了克服外部市场障碍或弥补市场机制存在的内在缺陷,企业通过对外直接投资的方式实现管理权与控制权的扩张,进而拓展中间产品市场,为企业降低交易成本、实现利润最大化创造条件。该理论还认为,企业在实现内部化过程中受企业所在行业、地区、国别和自身特定因素影响,只有当内部市场的边际效益高于外部市场的边际成本时,市场内部化进程才能真正得以实现。

内部化理论认为行业特定因素对企业内部化进程至关重要。如果企业所在行业产品生产进程单一,则不存在内部市场交换中间产品的情况。由于在不同程度上包含了对外直接投资等相关理论思想,因此该理论较好地解释了跨国公司对外直接投资的内在动因,但是不能很好地解释企业在进行对外直接投资过程中的区位选择问题。

2.1.1.3 国际生产折衷理论

国际生产折衷理论,又称国际生产综合论,由英国著名学者邓宁(J. H. Dunning)于 1977 年提出。该理论结合了要素禀赋理论、垄断优势理论和内部化理论,同时引入区位优势理论,从宏观与微观两个层面分析了跨国公司国际化生产的动因。该理论认为企业开展对外直接投资必须具备三个优势：所有权特定优势（Ownership Specific Advantage）、内部化特定优势（Internalization Specific Advantage）和区位特定优势（Location Specific Advantage），企业只有具备了这三个优势，才能开展对外直接投资活动。

所有权特定优势是指一国企业拥有或者能够得到他国企业没有或难以得到的资本、规模、技术、管理和营销技能等方面的优势，这是决定企业能否进行对外直接投资的先决条件。内部化特定优势是指企业将所有权优势在企业内部配置利用，进而比通过市场交易获得更多收益的优势，这个优势可使企业避免不完全市场给企业带来的影响，降低市场交易成本，绕开外部市场障碍，实现资源的最优配置和利润最大化。区位特定优势指东道国固有的优势，包括自然禀赋、经济条件、市场规模、法律制度环境等方面的优势，这些优势使得企业愿意将生产增值活动放在东道国进行。

作为对外直接投资理论的集大成者，国际生产折衷理论吸收了要素禀赋理论、垄断优势理论和内部化理论等相关投资理论的主要精髓，并在前人经验的基础上不断丰富、创新，对后续投资理论的不断拓展起了积极作用。

2.1.1.4 产品生命周期理论

产品生命周期理论由美国哈佛大学教授弗农（R. Vernon）于1966年提出。该理论认为，一个企业的产品生命周期主要包括新产品、成熟产品和标准化产品三个阶段。弗农认为，美国跨国公司的对外直接投资与产品的生命周期有关，企业往往根据产品所处的不同阶段，来决定产品的生产和销售地点。

在新产品阶段，企业主要投入大量资金研究新技术，开发新产品。由于产品处于初始阶段，尚未定型，且需求价格弹性较小，需求收入弹性较大，加之国内市场容量大，易于新产品的推广和普及，因此在新产品阶段，创新企业主要围绕国内市场进行市场开拓，获取利润最大化。在成熟产品阶段，国内创新企业技术日益成熟，产品基本定型，国内市场趋于饱和，且国外对产品的需求不断增加，产品需求价格弹性增大。此外，由于技术扩散等原因，产品竞争加剧，国外市场设置的关税和非关税壁垒等贸易保护政策纷纷出台,直接导致国内创新企业产品进入国外市场的难度增加。国内创新企业为了实现规模经济而降低成本、突破贸易壁垒限制,从而进入国外市场。当出口产品的边际成本、运输成本等其他费用超过国外生产的边际成本时,国内创新企业就会通过对外直接投资的方式到东道国进行产品的生产、销售,从而产生占领当地市场的意愿和需求。在标准化产品阶段,由于产品和产品技术趋于标准化,国内创新企业逐渐失去垄断优势,产品竞争的主要形式取决于产品成本和价格因素。因此,国内创新企业为了继续获得垄断优势,进一步降低成本,又将产品生产转移到资源更加丰富、生产要素成本更低的发展中国家,从而产生了对发展中国家的直接投资。

产品生命周期理论结合生产要素禀赋的国际流动,把对外直接投资与一国企业所处的产品周期的各个阶段动态地联系起来,相对于传统理论更进了一步。该理论在初期主要用于分析美国制造业的对外直接投资活动,然而在发展后期,美国在资金、技术等方面的垄断优势逐渐丧失,虽然其对外直接投资依然存在,但该理论的解释效力仍有所削弱。

2.1.1.5 边际产业扩张理论

日本著名学者小岛清(Kiyoshi Kojima)于 20 世纪 70 年代中期在研究日本企业跨国投资活动时,基于国际分工原理和比较优势学说,提出了边际产业扩张理论,也被称为比较优势投资理论。

小岛清具体比较分析了日本与美国的对外直接投资,他认为日本的对外直接投资有别于美国,两者存在显著的差异。美国企业的对外直接投资主体是制造业,主要集中在本国具有比较优势的部门,属于逆向贸易型投资。投资的结果是使得美国丧失了本可以通过出口获得的巨额贸易收益,导致国际收支不平衡,贸易条件恶化,因此美国的对外直接投资对本国产业结构的改善有一定的阻碍作用。日本则正好相反,该国企业的对外直接投资主要是基于本国已经丧失比较优势的部门,属于顺贸易型投资。对外直接投资不仅没有取代出口,而且促进了关联产品的进一步出口;不仅有利于东道国的产业结构升级,而且对本国的产业结构升级也起到了积极作用。

基于此,边际产业扩张理论认为,对外直接投资应该基于投资国已经或即将处于比较劣势的产业或部门。与此同时,这些产业或部门对于东道国而言又是具有明显或潜在优势的,因此,通过对外直接投资,投资国就可以获得东道国的比较优势,进而促进本国产业结构升级。

边际产业扩张理论较好地解释了 20 世纪 60—70 年代日本跨国公司的对外直接投资行为,也较好地解释了韩国、新加坡等亚洲地区的产业调整进程。但是该理论局限于部分由市场组织和协调的国际分工,因此难以解释当前全球化生产网络条件下的对外直接投资行为,因而存在一定的缺陷。

2.1.2 发展中国家对外直接投资经典理论

也有一些学者将研究视角转移到发展中国家,就相关国家企业的对外投资行为展开了深入研究,取得了较为丰硕的理论成果。相关理论的提出进一步完善了对外直接投资理论,在广大发展中国家产生了广泛的积极影响。

2.1.2.1 小规模技术理论

小规模技术理论由美国哈佛大学教授威尔斯(L. T. Wells)于 1977年提出。该理论认为,发展中国家跨国企业凭借其小规模生产技术的比较优势,以较低的生产成本获取投资收益。相较于发达国家,发展中国家跨国企业进行对外直接投资的比较优势主要表现在以下三个方面:一是小规模制造技术优势。小规模制造技术具有灵活性大、劳动密集度高、生产成本低的特点,适合小批量生产,能够提供丰富的产品,满足需求规模小、品种要求多样化的一些市场。二是民族产品海外生产优势。发展中国家企业的对外直接投资主要是出于服务国外同一种族团体的需要,因而具有鲜明的民族特色。三是产品的价格优势。发展中国家企业所生产的产品物美价廉,以低于发达国家同类产品的价格迅速占据国外市场。发展中国家企业产品价格之所以比发达国家企业产品价格低,是因为发展中国家的劳动力成本普遍较低,广告支出也较少。与发达国家相比,生产成本低、物美价廉是发展中国家企业形成竞争优势的重要原因,也是抢占市场份额的重要武器。发展中国家企业正是基于小规模制造技术、海外生产、低价营销等竞争优势开展对外直接投资的。

作为发展中国家对外直接投资理论的早期代表,小规模技术理论对于分析发展中国家企业如何在国际竞争中占据一席之地具有一定的启发意义。但是该理论继承了产品生命周期理论的部分思想,将发展中国家对外直接投资的竞争优势限定于小规模制造技术,认为发展中国家是被动参与国际竞争的,因此也有一定的局限性。

2.1.2.2 投资发展周期理论

英国著名学者邓宁于 1981 年提出了投资发展周期理论。邓宁以 67 个国家在 1967—1978 年的直接投资量与人均国民生产总值(GNP)为研究对象,详细研究了外商直接投资(外资流入)、对外直接投资(资本流出)和净流量之间的关系,发现一个国家的对外直接投资量与其人均国民生产总值关系密切。邓宁认为,一国对外直接投资流量规模主要取决于该国人均国民生产总值,即一国人均国民生产总值越高,包括对外直接投资在内的资本流出能力就越强。根据人均 GNP 标准,该理论把一国经济发展水平的外资流入和资本流出分为此消彼长的四个阶段。后来,邓宁以一国人均 GNP 为标准重新划分了这四个阶段,并在此基础上增加了第五个阶段。

投资发展周期理论较为客观地分析了一国对外直接投资与经济发展水平之间的内在联系,但影响一国对外直接投资的因素有很多,仅把经济发展水平作为唯一因素,显得比较片面。

2.1.2.3 技术地方化理论

技术地方化理论是由英国经济学家拉尔(S. Lall)在深入研究印度跨国公司竞争优势和对外投资后于 1983 年提出的。该理论认为,与发达国家来源于前沿技术创新、高水平管理技术与市场营销技能的竞争优势不同,发展中国家的竞争优势主要来源于技术引进的再生,通过对国外技术的消化、引进和创新而非简单的改进、消化和吸收,使产品更适合发展中国家自身的发展条件和市场需求,即技术地方化过程。

该理论认为,发展中国家这种特有的竞争优势的形成和发展主要取决于以下四个因素:一是发展中国家有别于发达国家技术知识当地化的发展环境,这种新的环境往往由该国的生产要素禀赋决定;二是通过技术革新和产品改造,发展中国家的产品能更好地满足本国或邻国市场需求;三是由创新活动产生的技术在发展中国家小规模生产条件下具有更高的经济效益;四是当东道国市场较大,消费者品位和购买能力存在较大差别时,发展中国家的产品在东道国仍有一定的竞争力。

技术地方化理论为发展中国家跨国企业积极参与国际竞争提供了理论支撑。该理论认为技术创新和适当的营销战略有利于发展中国家的跨国企业获得新的竞争优势,但是该理论将发展中国家定位在国际分工的边缘地区,认为发展中国家获取的原有技术只受限于发达国家,技术再创新也是被动的创新,没有从微观层面深层次探究发展中国家的对外直接投资行为,因而具有一定的局限性。

2.1.2.4 技术创新产业升级理论

技术创新产业升级理论是由英国学者坎特威尔(J. Cantwell)和托兰惕诺(P. E. Tolentino)于1990年提出的,用以解释20世纪80年代以来发展中国家对发达国家对外直接投资快速增长的现象。该理论认为,发展中国家的对外直接投资在产业分布和地理分布上遵循一定的规律,因而是可以预测的。在产业分布上,发展中国家企业往往最先投资于自然资源开发产业,之后投资于进口替代与出口导向相关产业。在地理分布上,发展中国家企业对外直接投资受到地理距离和"心理距离"的影响,会选择由近及远的对外扩张方式,遵循"周边国家—发展中国家—发达国家"的顺序进行对外直接投资。

坎特威尔和托兰惕诺提出了两个基本命题:一是技术能力提高与对外直接投资增长密切相关。作为影响发展中国家参与国际生产活动的决定性因素,现有的技术水平对其对外投资形式和增长速度也存在影响。二是技术能力的提高是一个不断积累的过程,发展中国家企业技术水平的不断提升推动了国内产业结构升级。

技术创新产业升级理论将研究视角引入技术层面,将部分新兴工业化国家产业结构升级的主要因素归结于对外直接投资实现的技术水平提升。但是该理论过于强调发展中国家企业国际化进程中的技术积累因素,将发展中国家对外直接投资行为的主要动机归结于获取先进技术,因此也存在一定的不足。

2.1.3 理论评价

综上所述,无论是发达国家的对外直接投资理论,还是发展中国家的对外直接投资理论,都从不同的角度就对外直接投资的原因、方向和规律等进行了解释与说明,对我国发展对外直接投资具有一定的借鉴和启示意义。但由于上述这些理论提出的时代背景不尽相同,因此理论本身存在一定的局限性。例如,这些理论强调企业进行对外直接投资时应具备一定的竞争优势,但随着国际直接投资领域的不断发展,一些新的趋势和新的问题不断涌现,如发展中国家进行逆向型对外直接投资的企业并不具备独特的竞争优势,企业进行对外直接投资的目的也并非是对企业现有竞争优势的运用,而是为了获取战略产业、核心技术等,以培养自身的竞争优势。

此外,由于发达国家的对外直接投资理论主要是基于发达国家跨国企业的对外投资行为的,因此运用这些理论来研究、审视中国等发展中国家企业的对外投资行为,其适用性有待商榷。另外,虽然发展中国家的对外直接投资理论是基于国内企业的对外投资行为的,但相关理论大多基于特定国家的个别案例,缺乏全局性、普适性,且尚未上升到统一的理论高度,存在一定的局限性。因此,包括中国在内的广大发展中国家在学习、借鉴这些经典理论时要从本国国情出发,有选择地加以吸收和运用。

2.2 对外直接投资影响产业结构升级的传导机制

2.2.1 基于投资动机的微观视角

一般认为,我国企业进行对外直接投资的类型主要包括市场寻求型、自然资源寻求型、技术寻求型和战略资产寻求型,通过获取国外先进技术优势或研发平台、资源和能源、品牌价值优势以及市场和营销渠道优势等,企业规模不断扩大,生产成本逐渐降低,产品质量和获利能力进一步提升,企业所在行业不断发展壮大,其他相关产业得到进一步发展,由此国内产业结构实现优化升级。①

2.2.1.1 市场寻求型

市场寻求型对外直接投资主要通过设计和管理的本土化,大力开发适合东道国市场的产品,从而获取东道国下游企业销售渠道以拓展当地市场。市场寻求型对外直接投资主要基于规避贸易壁垒、关税,降低运输费用等因素,投资流向集中于高贸易保护国家。

随着工业化进程的不断推进,原有的部分产业,特别是制造业,存在产能过剩、技术含量低的问题。国内市场趋于饱和,国外竞争加剧,迫使我国企业纷纷通过对外直接投资的方式释放国内产能,拓展国际市场,优化资源配置,实现规模经济,促使相关产业不断优化升级。与此同时,在拓展国际市场的过程中,我国企业也面临着关税、反倾销税等多种形式的贸易壁垒限制,运输成本和贸易成本不断攀升,获利能力进一步降低,而对外直接投资可以规避贸易壁垒,获得投资所在国家的广大市场,降低企业运输成本和贸易成本,实现出口规模效应和出口结构效应,在扩大国内关联企业出口的同时优化出口贸易结构,从而促进国内产业结构升级(见图2-1)。

通过"走出去"战略积极参与国外投资是我国企业发展的必然趋势,参与国际竞争可起到抢占国外市场、释放产能、规避贸易壁垒、缩短供应链的积极作用。以浙江绍兴柯桥"中国轻纺城"为例,鉴于国内逐渐攀高的原材料成本和用工成本,轻纺城很多纺织企业到国外建厂,此举不仅能降低生产成本,还能规避贸易壁垒,加快企业转型升级。

---

① 鉴于我国对外直接投资企业技术寻求动机的重要性,本研究将技术资产从战略资产中独立出来予以分析。需要特别说明的是,企业一般不是局限于某个单一动机,而往往是在多种因素的影响下进行对外直接投资的。

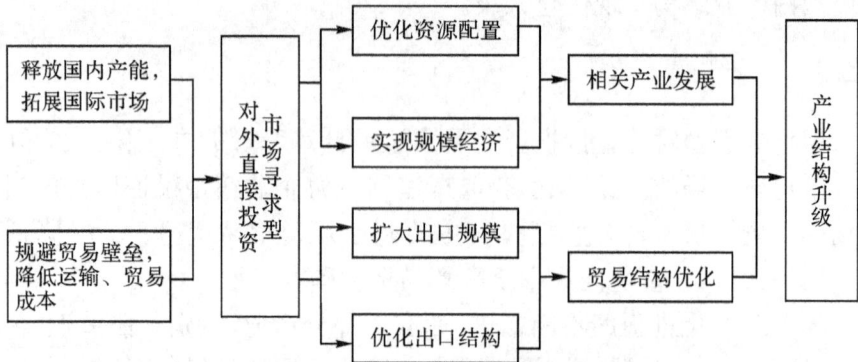

图 2-1　市场寻求型对外直接投资传导机制

2.2.1.2　自然资源寻求型

企业在生产过程中往往会对某些关键资源有较大的依赖性,当国内市场难以满足,或者出于对成本、地缘政治等因素的考量,企业通过对外直接投资的方式获取关键资源的意愿就更为强烈,特别是在制造业、石油化工业等产业的企业中显得尤为突出。在此背景下,国内企业纷纷在自然资源丰富的国家广泛投资,以突破关键资源的束缚,同时其他关联企业的发展也得到有效的资源保障,由此企业竞争力进一步提升。与此同时,通过资源的有效配置,国内其他产业凭借产业关联效应获得较大的发展空间,从而进一步促进国内产业结构升级(见图 2-2)。

自然资源寻求型对外直接投资一般涉足矿产资源、农产品、能源等自然资源丰富的国家或地区,这些区域的自然资源丰富、价格低廉,同时不存在严格的出口管制措施。近年来,我国资源、能源类对外投资的步伐明显加快,一批有实力的企业纷纷抓住国际金融危机导致全球各类资源价格暴跌的良好机遇,积极开展对外资源开发,这其中不仅涉及石油、天然气以及铜矿、铁矿、镍矿等矿产资源的开采,还涉及石材开采及加工、木材砍伐及加工、远洋捕捞等。如 2009 年中石化收购瑞士 Addax 公司,2011 年浙江春和集团旗下春和资源控股有限公司收购加拿大麦格矿业公司 75.9% 的股权项目,2013 年中海油以 148 亿美元收购加拿大尼克森公司 100% 的股权项目,2014 年广核集团收购英国 Clover 风电 80% 的股权项目。

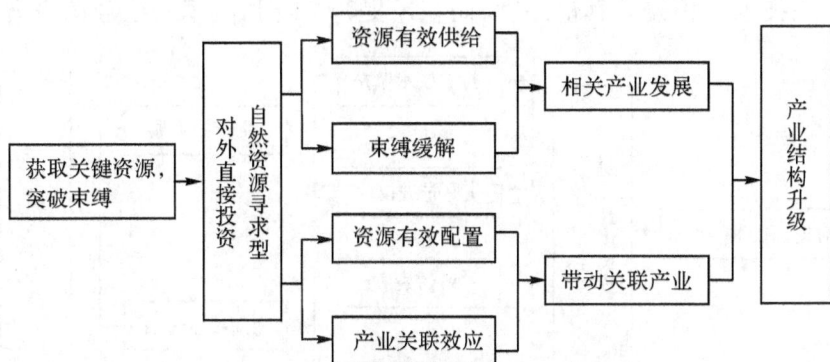

图 2-2　自然资源寻求型对外直接投资传导机制

2.2.1.3　技术寻求型

产业结构升级离不开技术进步的直接推动。技术进步可以提高劳动效率,促进企业生产力的提升,促进原有产业发展的同时间接带动其他产业升级,从而促进产业结构优化升级。出于对国外先进技术的渴求,为突破技术壁垒的限制,企业可以通过模仿效应、竞争效应获取东道国的逆向技术外溢效应,提升企业的研发水平。在带动原有产业发展的同时,企业技术进步可以间接促进其他产业升级,从而从总体上促进国内产业结构升级(见图 2-3)。

我国的技术寻求型对外直接投资主要集中在发达国家或地区,主要目的在于充分利用发达国家或地区的技术研发外溢效应和聚集效应,促进企业自身技术水平的提升。企业通过直接在东道国设立研发机构或并购的方式,充分利用东道国的研发人才,积极获取企业所需的新专利、新工艺、新材料等。不同类型的企业可以依据自身特点展开对外直接投资,具体包括:①高新技术企业可以通过跨国并购的方式突破技术壁垒;②技术型企业可以通过建立境外研发机构,不断引进新技术和新产品;③高新技术优势企业也可以通过在境外设立研发平台,实现研发业务的全球化运作。如 2010 年浙江吉利控股集团有限公司以 18 亿美元收购沃尔沃汽车 100% 的股权项目,获得了沃尔沃的关键技术及知识产权的所有权。吉利集团不仅收获了沃尔沃这个世界知名汽车品牌,同时还拥有了该公司大量的知识产权和技术专利。并购沃尔沃项目不仅使得吉利汽车在技术上领先于其他品牌,而且还提升了吉利汽车的综合竞争力。

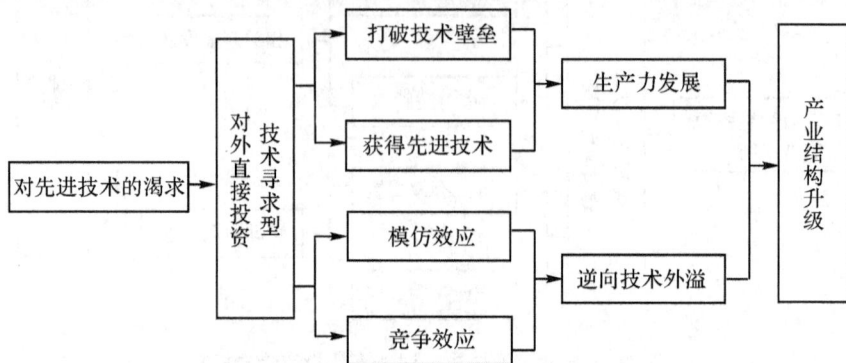

图 2-3 技术寻求型对外直接投资传导机制

2.2.1.4 战略资产寻求型

战略资产是指企业难以获得、不易复制或替代、对企业发展具有重大影响的品牌、商标、管理技能、营销网络、研究开发能力等重要资源。由于受商标、品牌等的制约,企业在国际化进程中,为了保持、拓展现有的所有权优势和国际竞争优势,而显现出获取关键要素或无形资产的强烈意愿,纷纷通过对外直接投资获取战略资产。获取战略资产能提高企业知名度和竞争力,同时能促使相关产业展开良性竞争,提高劳动效率,降低生产成本,从而促进产业结构升级(见图 2-4)。

以品牌为例,我国企业可以通过并购等方式获得国际知名企业的品牌,借助目标企业在东道国广泛的知名度、美誉度和较高的市场占有率,凭借其强大的品牌影响力迅速进入投资所在地区,积极拓展国外市场。如 2004 年联想集团以 12.8 亿美元收购 IBM 个人电脑业务,这不仅使得联想集团在全球个人电脑市场的份额从第八位跃至第三位,同时还获得了享誉世界的 ThinkPad、ThinkCentre 等品牌的收购许可及 IBM 品牌的使用权。

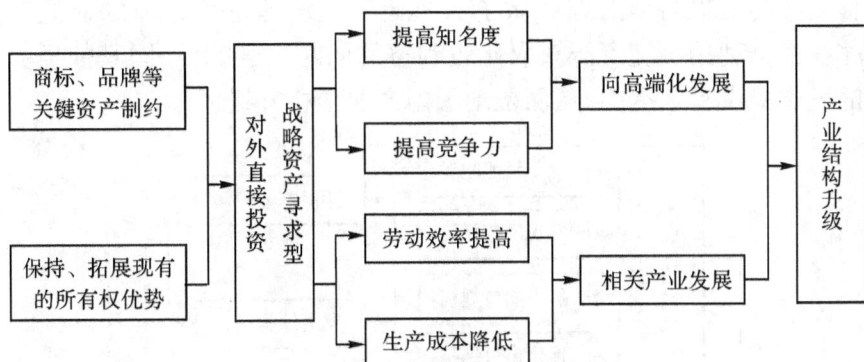

图 2-4 战略资产寻求型对外直接投资传导机制

综上，从微观视角来看，基于不同动机的企业对外直接投资类型主要有市场寻求型、自然资源寻求型、技术寻求型和战略资产寻求型（见图2-5）。在对外直接投资过程中，我国企业结合自身发展特点，有选择性和针对性地进行对外投资，获取对于企业发展至关重要的先进技术、研发平台、海外资源、品牌优势等，以提高产品的竞争力，促进企业生产力的提升，带动相关行业和产业向高端化发展，从而进一步促进国内产业结构的优化升级。

2.2.2 基于投资效应的宏观视角

从宏观视角来看，一国对外直接投资的产业结构升级效应主要是通过对外直接投资在产业间的不同投资效应来实现的。具体而言，对外直接投资主要通过不同产业之间、不同行业之间以及行业内部联动的产业转移、产业关联、产业竞争三大效应来促进母国的产业结构升级。

2.2.2.1 产业转移效应

产业转移是全球化对全球经济资源合理配置的结果。日本经济学家赤松要（Kaname Akamatsu，1935）提出的雁行模式理论、阿根廷经济学家普雷维什（Prebish，1949）提出的中心—外围理论、美国经济学家弗农（Vernon，1966）提出的产品生命周期理论、著名经济学家刘易斯提出（Lewis，1978）的劳动密集型产业转移论等都直接或间接地部分阐述了产业转移效应，但这些理论都较为笼统。此外，梯度转移理论也从产业转移效应的前提与动因方面做了有关研究。该理论认为一国通过产业转移在充分利用沉淀资源获取比较利益的同时,又能为本国其他优势产业的发展提供有效空间,从而推动国内产业结构升级。

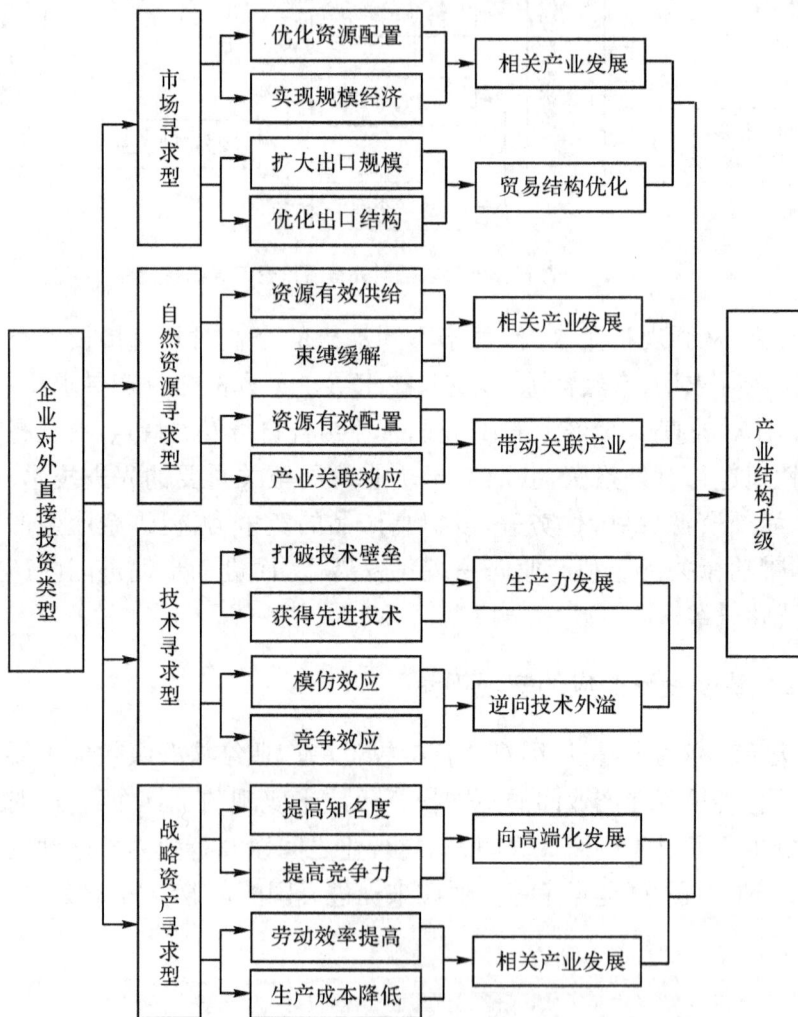

图 2-5 对外直接投资的微观传导机制

产业转移效应也称为边际产业转移效应,其核心思想最早由日本学者小岛清在边际产业扩张理论中提及。该理论的核心思想是,一国进行对外直接投资的重要动因是转移边际产业。通过相关生产要素的转移,将国内处于比较劣势的产业转移到国外,将原有处于或即将处于劣势的国内产业转化为国外具有比较优势的产业,从而促进国内比较优势产业和其他新兴产业的发展。

该理论认为,在产业转移效应中,资本输出国通过对外直接投资方式将国内已经或者即将处于比较劣势的传统产业转移至东道国以获取高额收益,而国内其他新兴产业也获得了充足的发展资金。与此同时,受益于原有产业生产要素的释放和配置,国内其他比较优势产业或新兴产业获得了更大的发展空间。传统产业和具备比较优势的新兴产业之间不断调整和动态发展,促进了国内产业结构升级(见图2-6)。

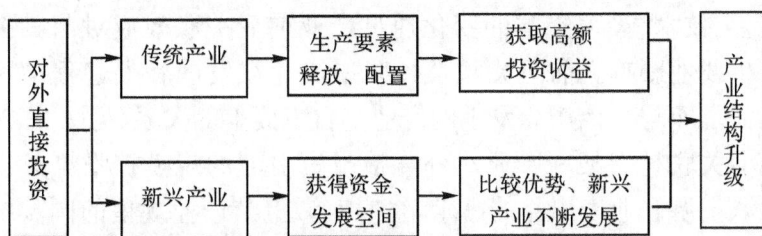

```
对外直接投资 ──┬── 传统产业 ── 生产要素释放、配置 ── 获取高额投资收益 ──┐
               │                                                      ├── 产业结构升级
               └── 新兴产业 ── 获得资金、发展空间 ── 比较优势、新兴产业不断发展 ──┘
```

图 2-6　对外直接投资产业转移效应传导机制

纵观国际产业转移的演进历程,从 20 世纪 50 年代至 90 年代,全球经历了四次大规模的国际产业转移(见表 2-1)。近年来,受人力和原材料成本上涨等诸多因素的影响,作为全球产业转移新阵地典型代表的中国也逐渐显露出制造业外迁的迹象。

表 2-1　全球产业转移演进历程情况

时间	代表国家/地区	主要目的	主要途径
20 世纪 50 年代	美国	大力发展新兴技术密集型产业	将国内钢铁、纺织等传统产业转移到日本等国家
20 世纪 60 年代	美国、日本	实现化工、机械、汽车等出口导向型、资本密集型工业高速发展	将纺织业、制造业等劳动密集型产业转移至新加坡、韩国等亚洲国家和地区
20 世纪 70 年代	美国、日本	发展新能源、新材料、微电子等知识密集型行业	将造船、化工和钢铁等重化工业,以及家电、汽车等部分资本密集型产业进一步向外转移

续 表

时间	代表国家/地区	主要目的	主要途径
20 世纪 90 年代	欧、美、日	发展高新技术产业、电子信息业	将制造业转移至以中国为代表的广大发展中国家

2.2.2.2 产业关联效应

美国经济学家赫希曼（Hirschman，1958）详细阐述了产业之间的关联效应。他认为，不同产业之间存在着前后向的线性关联，一国某一产业的规模、技术、投入资本的变化通过产业前后关联效应对与其关联的产业产生线性影响。前向关联是指某一产业在发展壮大过程中因产生投入品需求而与其他产业发生的产业链自下而上的关系（见图 2-7）。

前向关联是指某一产业对外直接投资引起的规模扩张势必会引起其他关联上游产业产出品的需求增加，刺激上游产业规模的同步扩大和技术提升，进一步促进整个产业链规模的扩大和技术进步，从而对国内产业结构升级起到推动作用；同时，面对激烈的国际竞争，只有提升产品质量，国内相关产业才能在国际分工中占据一席之地，这对上游产业产出品提出了更高的要求，促使上游产业加快技术研发和产品升级，从而推动整体产业链素质的提升，进一步推动国内产业结构升级。以日本为例，20 世纪 90 年代以来，日本的家电产业纷纷通过对外直接投资的方式将国内低端产品及非核心部件制造与装配环节转移至中国、马来西亚、印度等发展中国家，而在国内则保留了高端产品及核心部件的制造技术。这一举措大大刺激了日本国内家电产业的快速发展，技术创新进程不断加快，高端核心技术不断涌现。与此同时，家电配件、化工、精密仪器制造等相关行业也取得了长足发展，有力地促进了日本国内产业结构升级。

后向关联是指某一产业由对外直接投资引起的规模扩张和技术进步促使下游产业增加投资，加快了技术研发，缩短了创新周期，从而促进产业结构升级；同时，国内生产要素得到有效释放和重新配置，促进了下游产业生产能力的增强和生产效率的提升，从而促进产业结构升级。以美国为例，20 世纪 90 年代以来美国通过对外直接投资的方式将低端制造业的生产、装备工艺转移至国外，国内则大力投入基础研发，掌握了大量核心技术和知识产权。这种方式使得美国国内产业结构发生了巨大变化，低端制造业比值下降，金融业、专业服务业、高端制造业比值上升，产业结构升级明显。

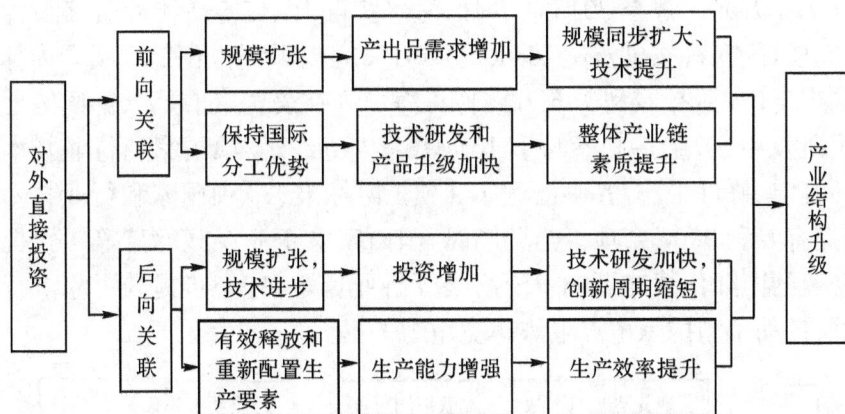

图 2-7　对外直接投资产业关联效应传导机制

2.2.2.3　产业竞争效应

产业竞争效应是指一国企业通过对外直接投资获得了国外先进技术、资源等，企业在国内外竞争中取得的领先优势加剧了企业所在行业的竞争，从而带动产业结构不断升级。

企业进行对外直接投资不仅有助于企业获取国外先进技术、战略资源、管理经验等，而且能促使企业加大研发力度，改进生产工艺，提升产品质量，最终使得企业获得竞争优势，在行业竞争中处于领先地位。企业竞争优势的获得对国内同行业企业带来了新的威胁，因此加剧了同行业的竞争，行业内其他企业为了巩固、拓展原有的竞争优势，在外部竞争因素的驱使之下，通过加大技术研发投入，寻求技术突破，创新管理方式，降低生产成本，不断提升企业自身的综合竞争力。此外，进行对外直接投资的企业通过身体力行、率先示范，将国外规范有序的市场竞争机制引入国内，从而形成一种无形的示范效应，带动了国内相关产业的变革。行业竞争的加剧以及规范市场竞争机制的引入，有效地提升了企业所在行业及其他关联行业的整体素质，最终促进产业结构升级（见图 2-8）。

以我国家电产业为例，海尔、海信（"双海"）等典型家电企业率先实施国际化战略,通过对外直接投资的方式引入国外先进技术,加快新产品研发,产品竞争力不断提升。海尔已在全球拥有十大研发基地(其中海外 8 个)、24 个工业园、108 个制造中心、66 个营销中心,全球员工总数达到 7.3 万人。截至 2015 年 8 月,海尔获得 IF、红点等国际著名设计大奖 65 项,国家科技进步奖 11 项,主导了 28 项国际标准和 48 项国内标准的制定工作,拥有专利 1.6 万余件。海信则在美国、加拿大、德国等地设立了研发中心,主持和参与了 15 项国际标准、225 项国家和行业技术标准的制定、修订工作,其中已颁布 9 项国际标准、89 项国家和行业技术标准,拥有专利 9000 余项。与此同时,国内家电企业在"双海"等一大批家电企业的国际化战略影响下纷纷展开行业竞争,进一步提升了家电行业标准,带动了国内家电产业整体竞争力的提升。

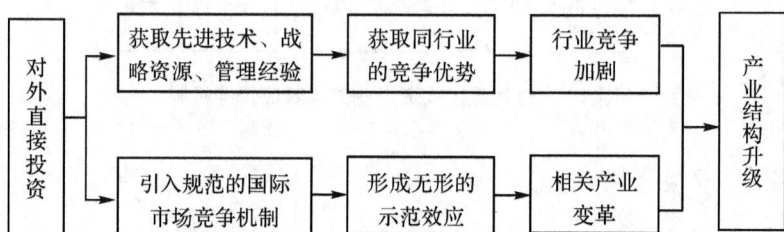

图 2-8　对外直接投资产业竞争效应传导机制

综上,对外直接投资通过不同产业之间、不同行业之间及行业内部联动的产业转移、产业关联和产业竞争等效应来促进母国的产业结构升级(见图 2-9)。

2.3　小结

本部分从对外直接投资的经典理论和影响产业结构升级的传导机制两个方面进行研究。首先就不同国家的对外直接投资理论展开述评,为后续分析对外直接投资对产业结构升级的影响机制做好理论铺垫;其次,在对外直接投资影响产业结构升级的传导机制分析方面,在结合现实案例的基础上,基于投资动机和投资效应,从微观和宏观两个层面具体分析了对外直接投资影响产业结构升级的传导机制。在微观层面,对外直接投资可以获取国外先进技术优势或研发平台、资源和能源、品牌价值优势以及市场和营销渠道优势等,促进企业所在行业和其他关联产业的发展,实现产业结构升级;在宏观层面,对外直接投资主要从不同产业之间、不同行业之间以及行业内部联动三个层面的转移、关联和竞争三大产业效应来促进母国的产业结构升级。

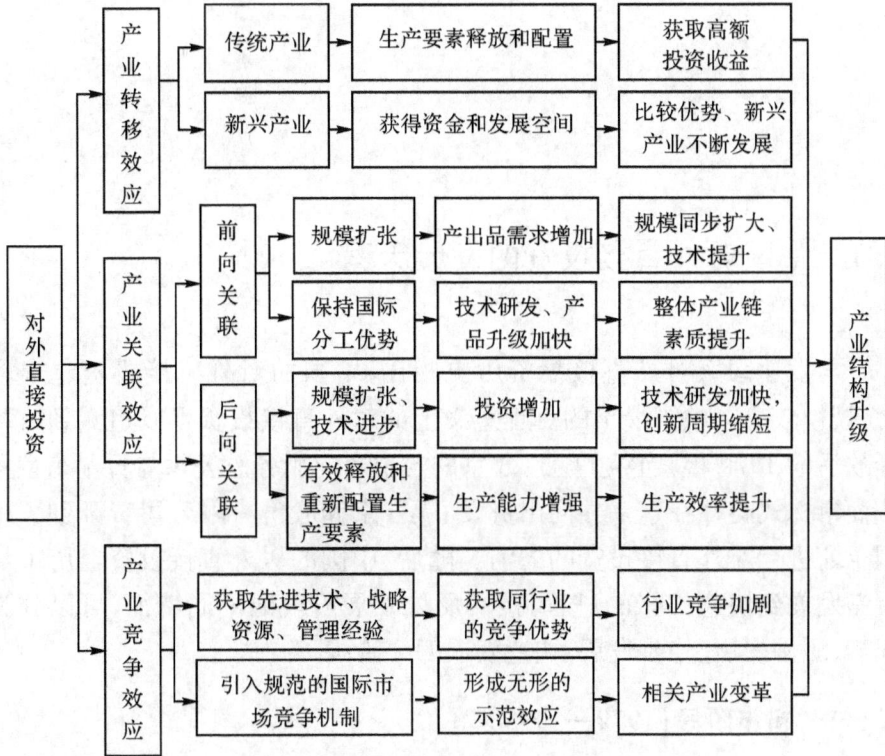

图 2-9　对外直接投资的宏观传导机制

3 中国对外直接投资发展概况

3.1 中国对外直接投资的发展历程

与发达国家对外直接投资历史相比，中国的对外直接投资起步较晚，规模较小。中国最早的真正意义上的对外直接投资可以追溯到改革开放后的 1979 年，当年 11 月，北京的友谊商业服务总公司与日本东京丸一商事株式会社在东京共同出资设立了"京和股份有限公司"，开创了中国企业进行对外直接投资的先河。随后，中国的对外直接投资经历了从缓慢发展到快速扩张的进程，按其所处发展阶段的不同特征，可以分为起步、缓慢发展、稳步发展、快速发展四个阶段。

3.1.1 起步阶段（1979—1985 年）

1979 年 8 月，国务院提出了深化经济改革的 15 项措施，其中第 13 项明确提出了"出国办企业"，吹响了中国企业进行对外直接投资的号角。随后，对外经济贸易部于 1981 年颁布了《关于在国外开设合营企业的暂行规定》《关于在国外开设非贸易性企业的暂行规定》，1984 年又颁布了《中国对外投资开办非贸易性企业的暂行审批程序和管理办法》，积极鼓励我国拥有对外经营权的外贸进出口公司和国际经济技术公司开展对外直接投资。出台相关政策的主要目的是扩大进出口和利用外资。而有些国家的企业因政策限制无法进行对外直接投资，导致我国参与对外直接投资的企业并不多，规模也较小。到 1985 年，我国设立的对外直接投资企业有 189

家,总投资额 2.96 亿美元,其中中方投资额 1.77 亿美元(见表 3-1)。对外直接投资覆盖了 45 个国家和地区,投资目的地主要分布在发展中国家,投资领域主要集中在贸易、餐饮、建筑工程承包等领域。

表 3-1　中国企业对外直接投资情况(1979—1985 年)

统计项目	1979 年	1980 年	1981 年	1982 年	1983 年	1984 年	1985 年
当年企业数/家	4	13	13	13	33	37	76
累计企业数/家	4	17	30	43	76	113	189
当年投资额/亿美元	0.01	0.68	0.07	0.06	0.19	1.03	0.92
累计投资额/亿美元	0.01	0.69	0.76	0.82	1.01	2.04	2.96
累计中方投资额/亿美元	0.01	0.32	0.32	0.37	0.46	1.27	1.77

资料来源:石林.当代中国的对外经济合作.北京:中国社会科学出版社,1989.

3.1.2　缓慢发展阶段(1986—1991 年)

为促进南南合作,支持企业到国外举办合营企业,促进合作开发资源事业的发展,1985 年 2 月,对外经济贸易部颁布了《关于在国外开设非贸易性合资经营企业的审批程序和管理办法(试行)》。通过下放部分企业对外投资的审批权限,降低企业进行对外投资的准入门槛,简化审批手续,缩短审批时间,有利地促进了部分竞争力较强的企业走出国门,参与国际竞争。到 1991 年,我国设立的对外直接投资企业有 1008 家,总投资额 31.49 亿美元,其中中方投资额 13.95 亿美元(见表 3-2)。对外直接投资遍布全球 90 多个国家和地区,投资目的地开始向美国、日本、德国、加拿大、澳大利亚等发达国家拓展延伸,但仍然以新加坡、马来西亚、泰国等亚洲国家和地区。投资领域则由原来的贸易、餐饮、建筑工程承包扩展到资源开发、交通运输、机械制造加工等 20 多个领域。

表 3-2　中国企业对外直接投资情况(1986—1991 年)

统计项目	1986 年	1987 年	1988 年	1989 年	1990 年	1991 年
当年企业数/家	88	108	141	119	156	207
累计企业数/家	277	385	526	645	801	1008
当年投资额/亿美元	1.11	13.73	1.18	3.25	1.67	7.59
累计投资额/亿美元	4.07	17.80	18.98	22.23	23.90	31.49

续　表

统计项目	1986 年	1987 年	1988 年	1989 年	1990 年	1991 年
累计中方投资额/亿美元	2.30	6.40	7.15	9.51	10.58	13.95

资料来源：孙建中. 资本国际化运营——中国对外直接投资发展研究. 北京：经济科学出版社，2000.

3.1.3　稳步发展阶段（1992—2001 年）

自 1979 年正式实施改革开放以来，我国经济取得了长足发展，通过引进国外先进技术、资金和管理经验，国内一些企业积累了一定的经验，国际竞争力有所提高，"走出去"的意愿和动力逐渐增强。与此同时，经过多年的发展，我国产业结构面临的结构性矛盾日益显现，国内资源紧缺，市场容量日益缩小，同时在国际市场上竞争日趋激烈，贸易环境不断恶化，倒逼我国企业不得不采取包括对外投资在内的各种措施加以应对。通过对外直接投资，我国企业可以有效规避各种贸易壁垒，并积极利用国外市场和资源，促进企业不断发展壮大。

这一时期，我国政府大力鼓励国内具有比较优势的先行企业积极开展对外直接投资，在充分利用国内市场和资源的同时积极拓展国外市场，充分利用国外先进技术和资本促进企业竞争实力的提升。相关国家宏观政策的出台无疑为我国企业积极参与对外直接投资注入了"强心剂"和"兴奋剂"：1997 年 9 月，党的十五大明确提出要深化贸易体制改革，扩大企业外贸经营权；2000 年 3 月，九届全国人大三次会议期间正式提出"走出去"战略；同年 11 月，党的十五届五中全会对"走出去"战略做了进一步明确；2003 年 10 月，党的十六届三中全会明确指出我国将继续实施"走出去"战略……相关会议的顺利召开从制度框架、实施办法等方面做了"顶层设计"，对我国对外直接投资的快速发展影响深远。

在此背景之下，我国企业纷纷响应号召，积极开展对外直接投资，到 2001 年，我国已累计设立对外直接投资企业 3091 家，中方累计投资额 44.33 亿美元（见表 3-3），投资遍布全球 160 多个国家和地区。亚洲、北美成为我国对外直接投资最多的区域。

表 3-3　中国企业对外直接投资情况(1992—2001 年)

统计项目	1992年	1993年	1994年	1995年	1996年	1997年	1998年	1999年	2000年	2001年
当年企业数/家	255	294	106	119	103	158	253	220	243	232
累计企业数/家	1363	1657	1763	1882	1985	2143	2396	2616	2859	3091
当年投资额/亿美元	3.56	1.87	1.25	2.07	4.94	3.25	—	—	5.51	7.08
累计投资额/亿美元	35.05	36.92	38.17	40.24	45.18	48.43	—	—	—	—
累计中方投资额/亿美元	15.91	16.87	17.58	18.58	21.52	23.49	25.84	31.75	37.25	44.33

注：根据 1993—2001 年的中国对外经济贸易年鉴综合整理。其中,1998 年、1999 年的当年投资额及 1998—2000 年的累计投资额数据由于年鉴没有公布,数据缺失。

3.1.4　快速发展阶段(2002 年至今)

2001 年我国正式加入世界贸易组织,这为我国企业积极开展对外直接投资创造了广泛的外部发展空间。2002 年 11 月党的十六大又明确提出,鼓励和支持有比较优势的各种所有制企业开展对外投资,形成一批有实力的跨国企业和著名品牌。这些重大事件标志着我国对外开放达到了一个新高度,我国企业进行对外直接投资的进程驶入了高速发展的快车道。

为了促进我国企业积极参与对外投资,商务部、财政部、国家外汇管理局、中国人民银行等制定了多项在税收、外汇、金融、保险、出入境等方面的优惠措施,以改革投资审批工作,减少审批程序,拓展投资渠道,帮助企业降低投资风险,积极引导企业通过不同方式"走出去"。为了推进对外投资便利化的进程,商务部于 2004 年颁发了《关于境外投资开办企业核准事项的规定》,并与国务院港澳办联合颁发了《关于内地企业赴香港、澳门特别行政区投资开办企业核准事项的规定》。上述规定对下放对外投资核准权限,简化对外投资手续,推动对外投资起到了积极的促进作用。此外,《对外投资国别产业导向目录(一)》《在拉美地区开展纺织加工贸易类投资国别导向目录》《在亚洲地区开展纺织服装加工类投资国别指导目录》等投资指导目录的发布,为我国企业积极开展对外投资创造了良好的发展空间。一系列服务、促进、保障和监管政策的先后出台,有力地促进了我国对外直接投资的迅速增长。根据《2008 年度中国对外直接投资统计公报》,2008 年,我国对外直接投资流量和存量分别达到 559.1 亿美元和 1839.7 亿美元,投资企业达到 8500 多家,投资遍布全球 174 个国家和地区,投资行业主要集中在服务业、金融业、批发和零售业、采矿业、交通运输业,投资区域则主要集中在亚洲和非洲。

近年来,我国相继出台了一系列管理、审批、监管政策,鼓励有条件的企业开展对外直接投资活动,大力增强企业的国际竞争力,积极打造和培育跨国企业发展。2008 年 6 月,商务部、外交部、国资委共同发布了《关于进一步规范我国企业对外投资合作的通知》,进一步规范了企业的对外投资合作行为。2009 年 7 月,国家外汇管理局颁布了《境内机构境外直接投资外汇管理规定》,放松了外汇管制,取消了境内企业对外直接投资过程中的外汇资金来源审查,提高了境外直接投资的用汇自由度。2011 年 1 月,中国人民银行制定了《境外直接投资人民币结算试点管理办法》,为银行业金融机构和境内机构开展境外直接投资人民币结算业务提供了便利。2012 年 3 月,在第 62 次商务部部务会议上审议通过了《对外投资合作"十二五"发展规划纲要》,强调了中国对外投资对于转型期的中国经济的重要性;同年 10 月,为了增加金融业投资组合的多样性,分散投资风险,提高收益,中国保监会公布《保险资金境外投资管理暂行办法实施细则》。2013 年 2 月,商务部颁布了《对外投资合作环境保护指南》,通过明确企业对外投资环境保护行为,建立对外投资过程中的环境管理制度和污染预防制度,帮助境内企业提高跨国经营能力,加快与东道国融合的进程。同年 12 月,商务部、国家开发银行发布了《关于支持境外经济贸易合作区建设发展有关问题的通知》,提出要共同建立境外经济贸易合作区项目协调和信息共享联合机制,积极为合作区企业"走出去"提供融资支持。通过不断完善"走出去"的政策促进体系、服务保障体系以及风险控制体系,加快我国企业的对外直接投资进程。

2008 年国际金融危机发生以来,发达国家和发展中国家的经济均遭受了重创。随着欧债危机的迅速蔓延,欧洲等发达国家的经济也受到了严重破坏,资金链出现断裂的企业比比皆是。这让中国的企业有了很多进入的机会。在全球对外投资总额急剧下降的背景之下,中国对外直接投资总额仍持续增长。根据《2014 年度中国对外直接投资统计公报》，2012 年，我国对外直接投资流量达到创纪录的 878.0 亿美元，位列美国和日本之后，首次位居世界第三。

当前，世界经济仍处于动荡调整期，各国经济发展仍然面临着较大的压力。在世界经济艰难复苏，全球对外直接投资流量下降的背景下，我国政府积极推动"一带一路"建设，不断加快对外投资便利化进程，企业"走出去"的内生动力不断增强。2014 年，我国对外直接投资流量创下了 1231.2 亿美元的历史最高值，自 2003 年公布对外直接投资统计数据以来实现连续 12 年增长（见表 3-4）。2014 年，我国有 1.85 万家企业对186 个国家或地区进行了对外投资，对外直接投资存量达到 8826.4 亿美元。金融类、非金融类投资流量均创历史新高（见表 3-5）。可见，近年来我国对外直接投资发展迅猛。

表 3-4　中国对外直接投资流量、存量及其世界占比（2003—2014 年）

统计项目	2003 年	2004 年	2005 年	2006 年	2007 年	2008 年
对外直接投资流量/亿美元	28.5	55.0	122.6	211.6	265.1	559.1
对外直接投资流量的世界占比/%	0.5	0.9	1.7	2.7	1.4	3.3
对外直接投资存量/亿美元	332.0	448.0	572.0	906.3	1179.1	1839.7
对外直接投资存量的世界占比/%	0.5	0.6	0.6	0.9	0.8	1.1
统计项目	2009 年	2010 年	2011 年	2012 年	2013 年	2014 年
对外直接投资流量/亿美元	565.3	688.1	746.5	878.0	1078.4	1231.2
对外直接投资流量的世界占比/%	5.1	5.2	4.4	6.3	7.6	9.1
对外直接投资存量/亿美元	2457.5	3172.1	4247.8	5319.4	6604.8	8826.4
对外直接投资存量的世界占比/%	1.3	1.6	2.0	2.3	2.5	3.4

注：根据 2003—2014 年的中国对外直接投资统计公报综合整理。其中，2007 年、2008 年的世界占比数据由于当年统计公报中未公布，笔者根据当年世界投资报告公布的数据进行了相应测算。

表 3-5　中国金融类、非金融类投资流量、存量情况（2003—2014 年）

统计项目	2003 年	2004 年	2005 年	2006 年	2007 年	2008 年
金融类流量/亿美元	—	—	—	35.3	16.7	140.5
非金融类流量/亿美元	28.5	55.0	122.6	176.3	248.4	418.6
金融类存量/亿美元				156.1	167.2	366.9
非金融类存量/亿美元	332.0	448.0	572.0	750.2	1011.9	1472.8
统计项目	2009 年	2010 年	2011 年	2012 年	2013 年	2014 年
金融类流量/亿美元	87.3	86.3	60.7	100.7	151.0	159.2
非金融类流量/亿美元	478.0	601.8	685.8	777.3	927.4	1072.0
金融类存量/亿美元	459.9	552.5	673.9	964.5	1170.8	1376.2
非金融类存量/亿美元	1997.6	2619.6	3573.9	4354.9	5434.0	7450.2

注：根据 2003—2014 年的中国对外直接投资统计公报综合整理。其中，2003—2005 年的金融类流量、存量数据未公布。

3.2　中国对外直接投资的主要特征

3.2.1　投资数量不断增加，规模相对较小

近年来，我国对外直接投资流量、存量及其世界占比急剧上升，呈现投资规模不断扩大的趋势。2002 年，我国对外直接投资流量及其世界占比分别为 25.2 亿美元和 0.5%；到了 2014 年，我国对外直接投资流量及其世界占比则分别上升到 1231.2 亿美元和 9.1%，年均增长 37.5%。从存量数据看，2002 年我国对外直接投资存量及其世界占比分别为 371.7 亿美元和 0.5%；到了 2014 年，我国对外直接投资存量及其世界占比则分别上升到 8826.4 亿美元和 3.4%，年均增长 30.2%。[1] 可见，近年来我国对外直接投资发展迅猛（见图 3-1、图3-2）。

① 根据《2014 年度中国对外直接投资统计公报》、联合国贸易和发展会议数据库资料综合计算所得。需要特别指出的是，涉及我国对外直接投资的数据有三个来源：一是商务部的数据（2003 年以前的数据公布在中国对外经济贸易年鉴和中国商务年鉴上，2003 年以后的数据公布在中国对外直接投资统计公报上）；二是国家外汇管理局公布的国际收支平衡表中的数据；三是联合国贸易和发展会议数据库的数据。以上三种数据存在一定的差别，且存在一定的利弊，为了更好地做横向对比，此处我国的对外直接投资数据依然以统计公报为准。

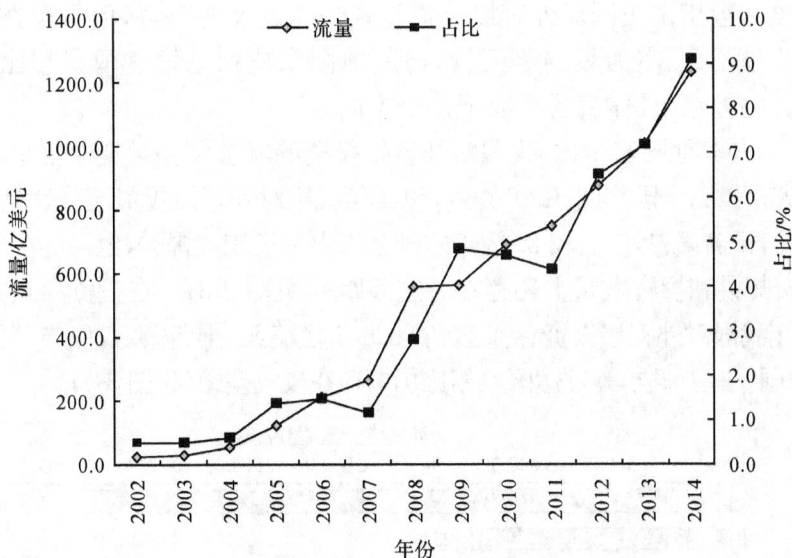

图 3-1 2002—2014 年中国对外直接投资流量及世界占比

注:根据 2002—2014 年中国对外直接投资统计公报、联合国贸易和发展会议数据库数据综合计算。

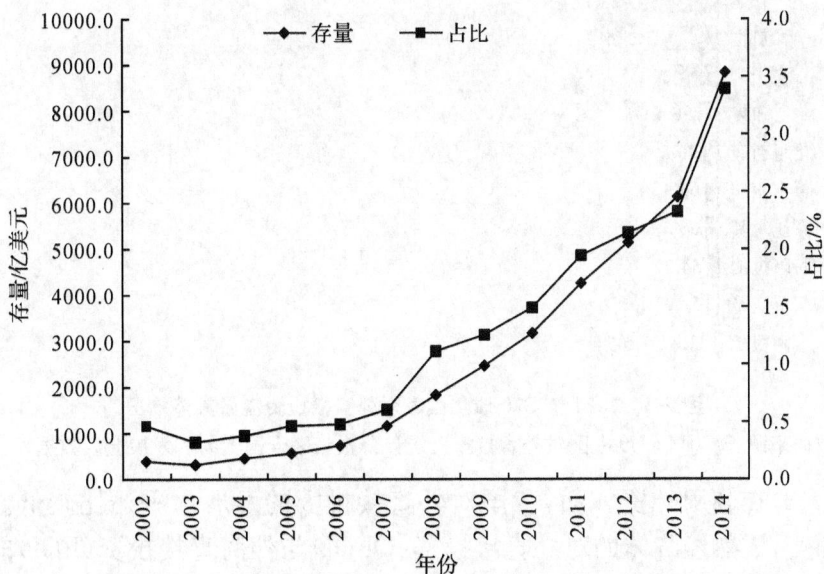

图 3-2 2002—2014 年中国对外直接投资存量及世界占比

注:根据 2002—2014 年中国对外直接投资统计公报、联合国贸易和发展会议数据库数据综合计算。

虽然近年来我国对外直接投资呈现快速发展的态势,但也存在对外投资规模不大、实力较弱等问题,与其他国家特别是发达国家相比还存在较大的差距,具体表现在以下几个方面:

(1)与其他国家相比,我国对外直接投资的流量和存量规模较小,且差距较大。以二十国集团(G20)为例,2014 年我国对外直接投资流量达到 1160亿美元,排名第二,虽然较 2003 年的排名第十有了较大提升,但与美国相比,在投资规模和投资数量上还存在一定差距①(见图 3-3)。在投资存量方面,2014 年我国对外直接投资存量达到 8826.4 亿美元,排名第六,但与美国、英国、德国、法国、日本等发达国家相比仍然存在较大差距(见图 3-4)。

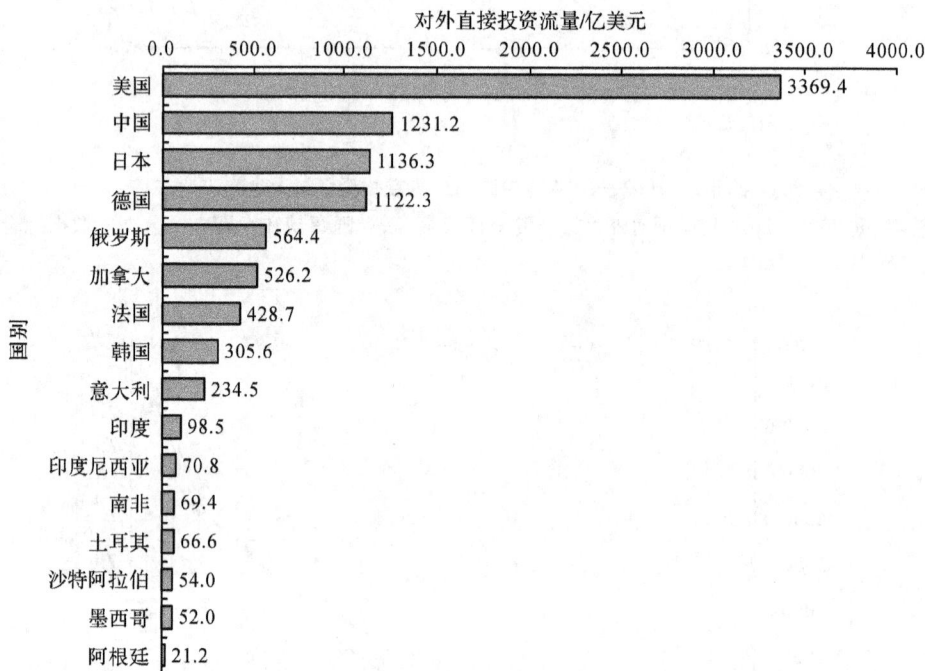

对外直接投资流量/亿美元

国家	数值
美国	3369.4
中国	1231.2
日本	1136.3
德国	1122.3
俄罗斯	564.4
加拿大	526.2
法国	428.7
韩国	305.6
意大利	234.5
印度	98.5
印度尼西亚	70.8
南非	69.4
土耳其	66.6
沙特阿拉伯	54.0
墨西哥	52.0
阿根廷	21.2

图 3-3　2014 年 G20 成员国家对外直接投资流量具体情况

注:数据来源于《2014 年度中国对外直接投资统计公报》、联合国贸易和发展会议数据库。

(2)在利用外资方面,我国对外直接投资的发展水平还比较低。一般而言,成熟经济体的对外直接投资(OFDI)与外商直接投资(FDI)的比

① 由于澳大利亚、巴西、英国的数据为负,故予以剔除。此外,G20 成员还包括欧盟。由于欧盟成员包括德国、意大利等,为避免数据重复,在此也予以剔除。

存量/亿美元

国别	存量/亿美元
美国	63186.4
英国	15841.5
德国	15832.8
法国	12790.9
日本	11931.4
中国	8826.4
加拿大	7145.6
意大利	5484.2
澳大利亚	4435.2
俄罗斯	4318.7
巴西	3163.4
韩国	2585.5
南非	1339.4
墨西哥	1312.5
印度	1295.8
沙特阿拉伯	447
土耳其	400.9
阿根廷	359.4
印度尼西亚	240.5

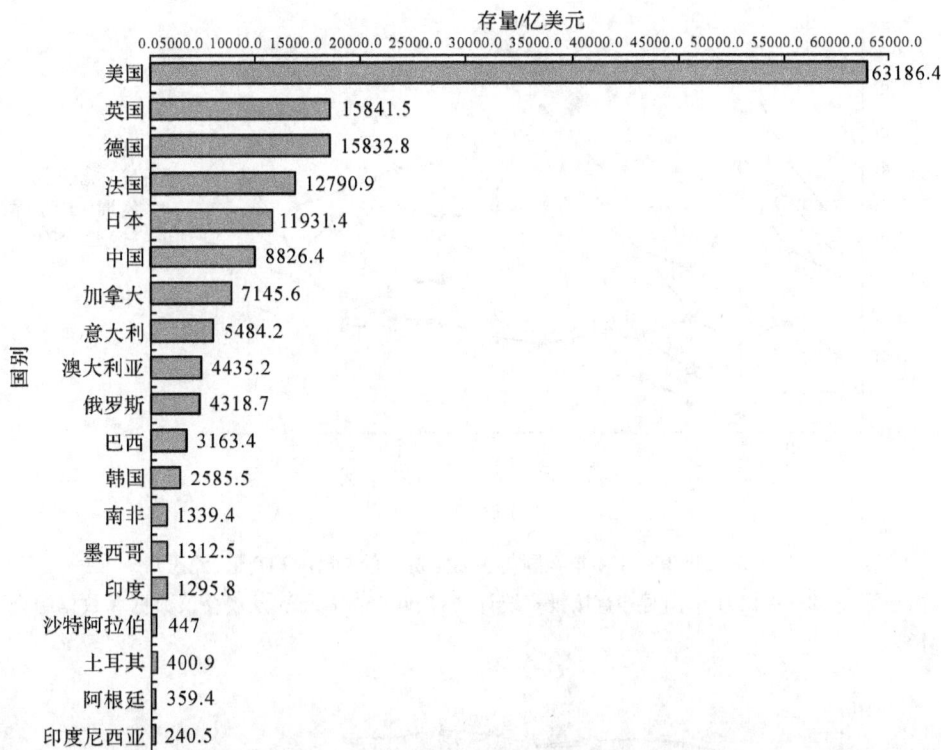

图 3-4　2014 年 G20 成员国家对外直接投资存量具体情况

注:数据来源于《2014 年度中国对外直接投资统计公报》联合国贸易和发展会议数据库。

值基本保持在 0.90 左右。从流量数据看(见图 3-5),2014 年世界的 OFDI/FDI 值为 1.10,发达经济体为 1.65,转型经济体为 1.31,发展中经济体为 0.69,G20 为 1.36,而我国的 OFDI/FDI 值为 0.90,低于世界平均水平,资本流出和流入不平衡。此外,在 G20 成员国家中,我国位列德国、日本、美国、韩国、法国、俄罗斯、意大利、南非、加拿大之后,位居中游。从存量数据看(见图 3-6),2014 年世界的 OFDI/FDI 值为 1.00,发达经济体为 1.23,转型经济体为 0.67,发展中经济体为 0.58,G20 为 1.12,而我国为 0.67。[①] 总体而言,我国的 OFDI/FDI 值虽然高于发展中经济体,但与世界、发达经济体、G20 相比仍然较低。

---

① 根据联合国贸易和发展会议数据库资料综合计算所得。

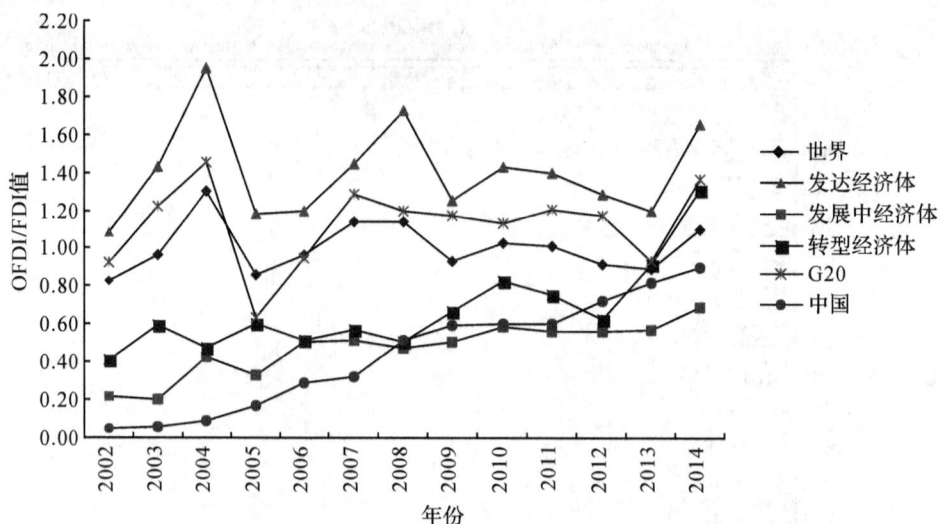

图 3-5　2002—2014 年我国与主要经济体的 OFDI/FDI 值(流量)

注:根据 2002—2014 年中国对外直接投资统计公报、联合国贸易和发展会议数据库数据综合计算。

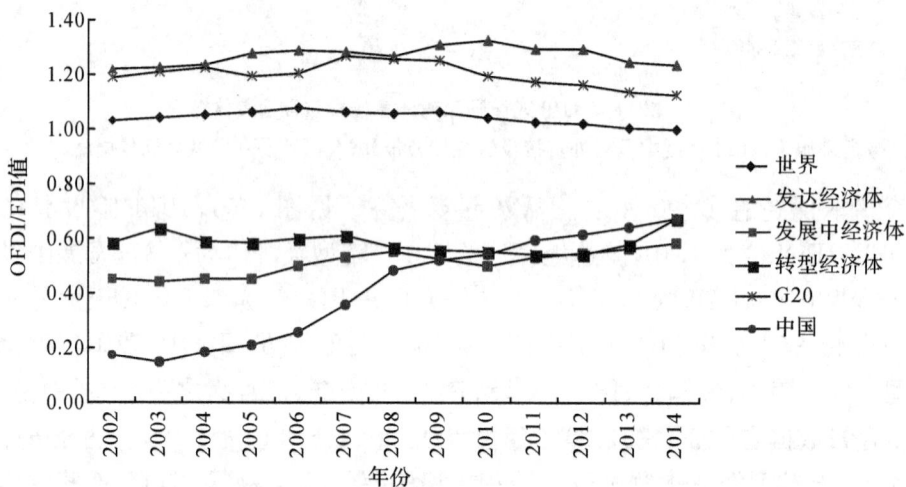

图 3-6　2002—2014 年我国与主要经济体的 OFDI/FDI 比值(存量)

注:根据 2002—2014 年中国对外直接投资统计公报、联合国贸易和发展会议数据库数据综合计算。

(3)在 GDP 规模方面,我国对外直接投资的规模与发达国家相比还存在较大的差距。2014 年,我国对外直接投资存量占 GDP 的比重为

7.25%,远低于世界平均水平(31.77%)、发达经济体(42.26%)、转型经济体(18.60%)、发展中经济体(16.55%)、G20(26.86%)(见图3-7)。在G20成员国家中,我国对外直接投资存量占GDP的比重也处于较低水平。2014年我国对外直接投资存量占GDP比重的排名仅位于印度尼西亚、土耳其、沙特阿拉伯、印度、阿根廷之前,位列其他国家之后(见表3-6)。

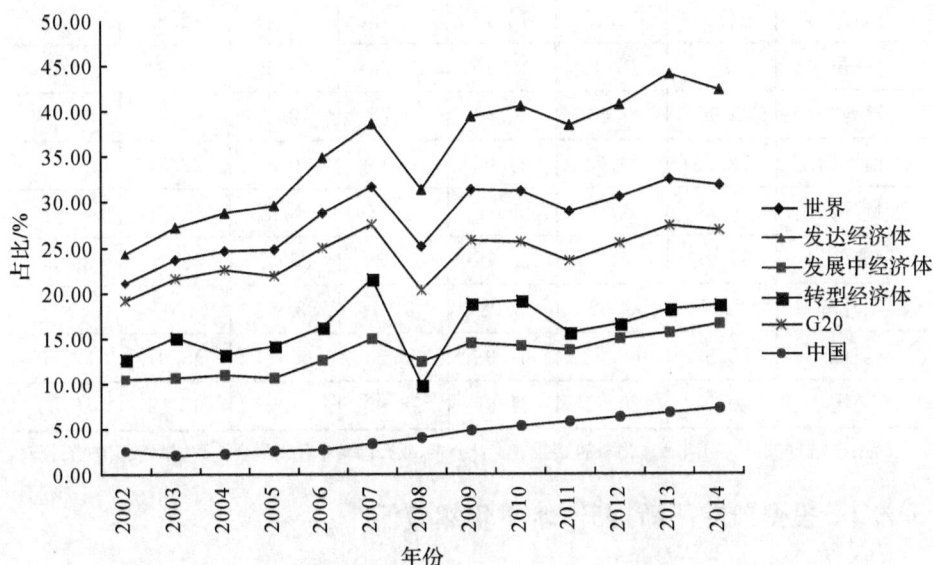

图3-7 2002—2014年我国与主要经济体的对外直接投资存量占GDP的比重

注:根据2002—2014年中国对外直接投资统计公报、联合国贸易和发展会议数据库数据综合计算。

表3-6 G20成员国家对外直接投资存量占GDP的比重(2008—2014年) 单位:%

国家	2008年	2009年	2010年	2011年	2012年	2013年	2014年
阿根廷	7.05	7.76	6.53	5.69	5.44	5.56	6.74
澳大利亚	23.13	36.06	34.85	27.15	29.97	29.40	30.07
巴西	9.54	10.32	8.93	8.33	12.04	13.41	14.38
加拿大	33.98	43.97	39.45	36.96	38.62	38.92	39.99
中国	4.05	4.81	5.33	5.81	6.23	6.68	7.25
法国	31.88	41.51	44.23	43.50	48.57	48.36	44.90

续 表

国家	2008 年	2009 年	2010 年	2011 年	2012 年	2013 年	2014 年
德国	35.41	41.39	42.88	39.82	44.69	45.09	41.10
印度	4.89	6.04	5.68	5.67	6.24	6.18	6.35
印度尼西亚	0.55	0.73	0.94	0.73	1.41	2.23	2.84
意大利	18.50	22.25	23.03	22.81	25.19	24.23	25.43
日本	14.03	14.72	15.12	16.30	17.48	22.82	26.01
韩国	9.77	13.45	13.16	14.34	16.59	18.31	18.26
墨西哥	5.68	9.46	10.48	9.77	12.51	10.84	10.26
俄罗斯	12.38	24.74	24.02	18.99	20.30	22.87	23.15
沙特阿拉伯	3.93	5.27	5.04	4.47	4.68	5.25	5.91
南非	17.24	23.75	22.18	23.30	28.13	35.15	38.30
土耳其	2.44	3.62	3.08	3.57	3.93	4.06	5.00
英国	55.95	68.53	67.93	65.53	66.74	58.97	53.70
美国	20.94	29.77	31.93	28.90	31.95	37.19	36.05

注:根据 2002—2014 年中国对外直接投资统计公报、联合国贸易和发展会议数据库数据综合计算。

3.2.2 投资效益不断提升,水平仍然较低

当前,衡量一国对外直接投资实际水平主要采用对外直接投资绩效指标 OND,该指标由联合国贸易和发展会议提出,旨在衡量一国对外直接投资的能力和水平。从世界范围来看,OND 平均水平为 1。一国的 OND 指数越大,说明其对外直接投资的水平和能力越高。其计算公式如下:

$$\text{OND}_{i,t} = \frac{\text{OFDI}_{i,t}/\text{OFDI}_{w,i,t}}{\text{GDP}_{i,t}/\text{GDP}_{w,i,t}} \qquad (3\text{-}1)$$

式中,$\text{OND}_{i,t}$ 为投资国某一时期的对外直接投资绩效,$\text{OFDI}_{i,t}$、$\text{OFDI}_{w,i,t}$ 分别代表同一时期该国的对外直接投资流量和全球的对外直接投资流量,$\text{GDP}_{i,t}$、$\text{GDP}_{w,i,t}$ 则分别代表同一时期该国的 GDP 和全球的 GDP 总和。

根据测算可知,近年来我国对外直接投资的实际水平显著提升。1982—2014 年,我国的 OND 指数除了在 1992 年和 1993 年较高外,其余

年份都较低,如图 3-8 所示。整体来看,我国的 OND 指数呈波动上升态势,特别是近年来,随着我国对外开放水平的不断提升,企业"走出去"步伐不断加快,我国的 OND 指数上升明显。虽然近年来我国的对外直接投资水平显著提升,但仍然低于世界平均水平,特别是与发达国家相比差距较大。以 2014 年为例,我国的 OND 指数为 0.72,低于发达经济体(1.03)、转型经济体(1.37)、发展中经济体(0.91)、G20(0.83)以及八国集团(G8)[①](1.03)(见图3-9)。以 G8 为例,2014 年我国的 OND 指数仅高于意大利(0.62),低于法国(0.86),远低于加拿大(1.60)、德国(1.66)、日本(1.41)、俄罗斯(1.73)、美国(1.09)。可见,从世界范围来看,当前我国的对外直接投资水平仍处于较低水平。

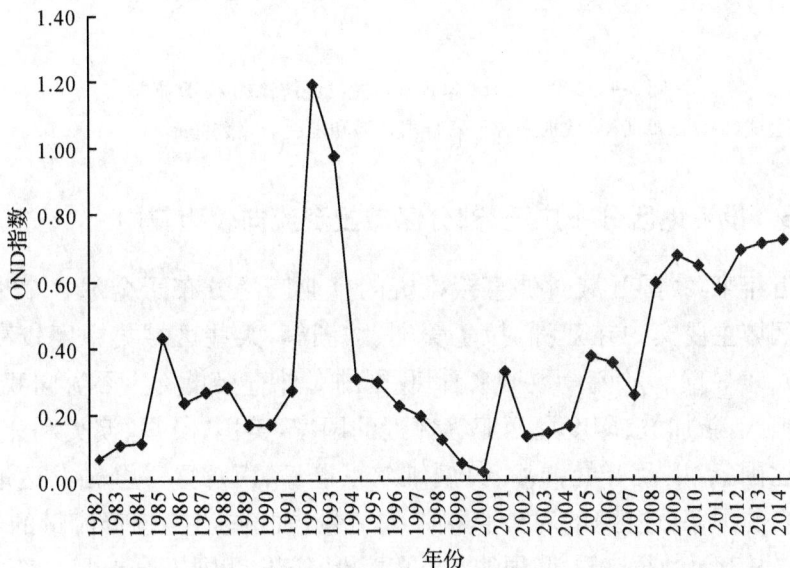

图 3-8　1982—2014 年我国的 OND 指数

注:根据历年中国统计年鉴相关数据综合计算所得。

---

① 2014 年 3 月,俄罗斯被暂停 G8 成员国地位。但为比较研究,这里仍加入了俄罗斯的数据。

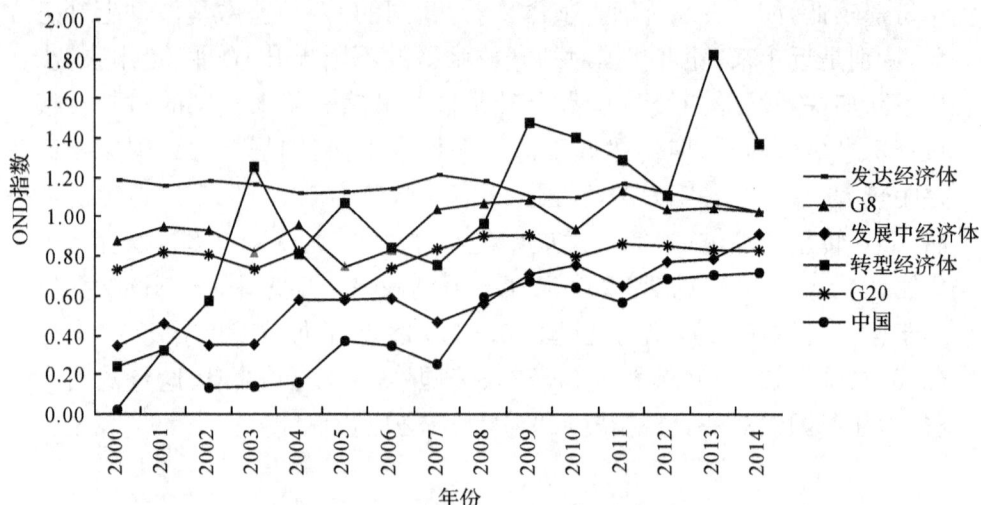

图 3-9　2000—2014 年我国与主要经济体的 OND 指数
注:根据公式(3-1)计算所得,数据来源于联合国贸易和发展会议数据库。

3.2.3　投资地区分布广泛,部分区域投资流向较为集中

　　近年来,我国开展对外直接投资的企业广泛分布于全球各个地区,投资区域主要集中在亚洲、拉丁美洲、欧洲等,某些区域集中度较高(见表 3-7、表 3-8)。从流量数据来看,我国的对外直接投资主要流向我国的香港地区,新加坡、印度尼西亚等邻近的国家,美国、英国、澳大利亚等部分发达国家,以及开曼群岛、英属维尔京群岛、卢森堡等金融发达地区,前十名的国家(地区)的对外直接投资流量占我国当年投资流量的 81%以上。从存量数据来看,我国的对外直接投资流向我国的香港地区,新加坡、俄罗斯、哈萨克斯坦等周边国家,美国、英国、澳大利亚等部分发达国家,以及开曼群岛、英属维尔京群岛、卢森堡等金融发达地区,前十名的国家(地区)的对外直接投资存量占我国当年投资存量的 82%以上。

　　此外,有相当大比例的对外直接投资由我国的香港地区及开曼群岛、英属维尔京群岛、卢森堡等税收政策优惠较多、金融服务较为完善的地区转移至亚太、拉丁美州、非洲等地区。2014 年,流向上述四个地区的对外直接投资流量达到 842.07 亿美元,占当年流量总额的 68.39%。2014 年,我国对亚洲地区的对外直接投资流量为 849.9 亿美元,其中

83.40%流向我国的香港地区,而我国对拉丁美洲的对外直接投资流量的83.13%流向开曼群岛、英属维尔京群岛等地。2014年,我国在亚洲的对外直接投资存量达到6009.7亿美元,其中84.80%集中于我国的香港地区,而我国在拉丁美洲的对外直接投资存量的88.20%集中于开曼群岛、英属维尔京群岛等地。①

表3-7 2009—2014年中国对外直接投资流量前十名的国家(地区)

名次	2009年		2010年	
	国家(地区)	投资额/亿美元	国家(地区)	投资额/亿美元
1	中国香港	356.01	中国香港	385.05
2	开曼群岛	53.66	英属维尔京群岛	61.20
3	澳大利亚	24.36	开曼群岛	34.96
4	卢森堡	22.70	卢森堡	32.07
5	英属维尔京群岛	16.12	澳大利亚	17.02
6	新加坡	14.14	瑞典	13.64
7	美国	9.08	美国	13.08
8	加拿大	6.13	加拿大	11.42
9	中国澳门	4.56	新加坡	11.19
10	缅甸	3.77	缅甸	8.76
	合计	510.53	合计	588.39
	所占比重/%	90.31	所占比重/%	85.51

名次	2011年		2012年	
	国家(地区)	投资额/亿美元	国家(地区)	投资额/亿美元
1	中国香港	356.55	中国香港	512.38
2	英属维尔京群岛	62.08	美国	40.48
3	开曼群岛	49.36	哈萨克斯坦	29.96
4	法国	34.82	英国	27.75
5	新加坡	32.69	英属维尔京群岛	22.39

---

① 根据《2014年度中国对外直接投资统计公报》综合整理所得。

续 表

名次	2011 年		2012 年	
	国家(地区)	投资额/亿美元	国家(地区)	投资额/亿美元
6	澳大利亚	31.65	澳大利亚	21.73
7	美国	18.11	委内瑞拉	15.42
8	英国	14.20	新加坡	15.19
9	卢森堡	12.65	印度尼西亚	16.31
10	苏丹	9.12	卢森堡	11.33
	合计	621.23	合计	712.94
	所占比重/%	83.22	所占比重/%	81.20

名次	2013 年		2014 年	
	国家(地区)	投资额/亿美元	国家(地区)	投资额/亿美元
1	中国香港	628.24	中国香港	708.67
2	开曼群岛	92.53	美国	79.56
3	美国	38.73	卢森堡	45.78
4	澳大利亚	34.58	英属维尔京群岛	45.70
5	英属维尔京群岛	32.22	开曼群岛	41.92
6	新加坡	20.33	澳大利亚	40.49
7	印度尼西亚	15.63	新加坡	28.14
8	英国	14.20	英国	14.99
9	卢森堡	12.75	德国	14.39
10	俄罗斯	10.22	印度尼西亚	12.72
	合计	899.43	合计	1032.36
	所占比重/%	83.40	所占比重/%	83.85

注：根据 2009—2014 年中国对外直接投资统计公报数据综合整理。

表 3-8　2009—2014 年中国对外直接投资存量前十名的国家(地区)

名次	2009 年		2010 年	
	国家(地区)	投资额/亿美元	国家(地区)	投资额/亿美元
1	中国香港	1644.09	中国香港	1990.56

续　表

名次	2009 年		2010 年	
	国家（地区）	投资额/亿美元	国家（地区）	投资额/亿美元
2	英属维尔京群岛	150.61	英属维尔京群岛	232.43
3	开曼群岛	135.77	开曼群岛	172.56
4	澳大利亚	58.63	澳大利亚	78.68
5	新加坡	48.57	新加坡	60.69
6	美国	33.38	卢森堡	57.78
7	卢森堡	24.84	美国	48.74
8	南非	23.07	南非	41.53
9	俄罗斯	22.20	俄罗斯	27.88
10	中国澳门	18.37	加拿大	20.03
	合计	2159.53	合计	2730.88
	所占比重/%	84.90	所占比重/%	86.09

名次	2011 年		2012 年	
	国家（地区）	投资额/亿美元	国家（地区）	投资额/亿美元
1	中国香港	2615.69	中国香港	3063.72
2	英属维尔京群岛	292.61	英属维尔京群岛	308.51
3	开曼群岛	216.92	开曼群岛	300.72
4	澳大利亚	110.41	美国	170.80
5	新加坡	106.03	澳大利亚	138.73
6	美国	89.93	新加坡	123.83
7	卢森堡	70.82	卢森堡	89.78
8	南非	40.59	英国	89.34
9	俄罗斯	37.64	哈萨克斯坦	62.51
10	加拿大	37.28	加拿大	50.51
	合计	3617.92	合计	4398.45
	所占比重/%	85.16	所占比重/%	82.69

续 表

名次	2013 年		2014 年	
	国家(地区)	投资额/亿美元	国家(地区)	投资额/亿美元
1	中国香港	3770.93	中国香港	5099.2
2	开曼群岛	423.24	英属维尔京群岛	493.2
3	英属维尔京群岛	339.03	开曼群岛	442.37
4	美国	219.00	美国	380.11
5	澳大利亚	174.50	澳大利亚	238.82
6	新加坡	147.51	新加坡	206.4
7	英国	117.98	卢森堡	156.67
8	卢森堡	104.24	英国	128.05
9	俄罗斯	75.82	俄罗斯	86.95
10	哈萨克斯坦	69.57	法国	84.45
	合计	5441.82	合计	7316.22
	所占比重/%	82.39	所占比重/%	82.89

注:根据 2009—2014 年中国对外直接投资统计公报数据综合整理。

3.2.4 投资行业稳步拓展,部分行业集中度较高

随着对外直接投资的不断发展,我国企业对外直接投资涉及的行业从原来的以单一行业为主逐步转向多种行业并存,从单一行业逐步向多种行业稳步拓展,呈现出不同行业多样化投资的发展格局,对外直接投资的产业结构持续优化。我国的对外投资涉及国民经济所有行业类别,但仍以租赁和商务服务业、批发和零售业、金融业、采矿业、制造业及交通运输、仓储和邮政业等的投资为主(见表 3-9、表 3-10)。2014 年,我国的对外直接投资流量和存量主要集中在租赁和商务服务业、批发和零售业、采矿业、金融业和制造业,占比分别达到 78.90% 和 83.7%。

表 3-9 2009—2014 年中国对外直接投资流量前五名的行业

名次	2009 年		名次	2010 年	
	投资行业	占比/%		投资行业	占比/%
1	租赁和商务服务业	36.2	1	租赁和商务服务业	44.0

续 表

名次	2009 年		名次	2010 年	
	投资行业	占比/%		投资行业	占比/%
2	采矿业	23.6	2	金融业	12.5
3	金融业	15.5	3	批发和零售业	9.8
4	批发和零售业	10.8	4	采矿业	8.3
5	制造业	4.0	5	交通运输、仓储和邮政业	8.2
	合计	90.1		合计	82.8
名次	2011 年		名次	2012 年	
	投资行业	占比/%		投资行业	占比/%
1	租赁和商务服务业	34.3	1	租赁和商务服务业	30.4
2	采矿业	19.4	2	采矿业	15.4
3	批发和零售业	13.8	3	批发和零售业	14.8
4	制造业	9.4	4	金融业	11.5
5	金融业	8.1	5	制造业	9.9
	合计	85.0		合计	82.0
名次	2013 年		名次	2014 年	
	投资行业	占比/%		投资行业	占比/%
1	租赁和商务服务业	25.1	1	租赁和商务服务业	29.9
2	采矿业	23.0	2	批发和零售业	14.9
3	金融业	14.0	3	采矿业	13.4
4	批发和零售业	13.6	4	金融业	12.9
5	制造业	6.7	5	制造业	7.8
	合计	82.4		合计	78.9

注:根据 2009—2014 年中国对外直接投资统计公报数据综合整理。

表 3-10 2009—2014 年中国对外直接投资存量前五名的行业

名次	2009 年		名次	2010 年	
	投资行业	占比/%		投资行业	占比/%
1	租赁和商务服务业	29.7	1	租赁和商务服务业	30.7

续 表

名次	2009 年		名次	2010 年	
	投资行业	占比/%		投资行业	占比/%
2	金融业	18.7	2	金融业	17.4
3	采矿业	16.5	3	采矿业	14.1
4	批发和零售业	14.5	4	批发和零售业	13.2
5	交通运输、仓储和邮政业	6.8	5	交通运输、仓储和邮政业	7.3
	合计	86.2		合计	82.7
名次	2011 年		名次	2012 年	
	投资行业	占比/%		投资行业	占比/%
1	租赁和商务服务业	33.5	1	租赁和商务服务业	33.0
2	金融业	15.9	2	金融业	18.1
3	采矿业	15.8	3	采矿业	14.1
4	批发和零售业	11.6	4	批发和零售业	12.8
5	交通运输、仓储和邮政业	5.9	5	交通运输、仓储和邮政业	5.5
	合计	82.7		合计	83.5
名次	2013 年		名次	2014 年	
	投资行业	占比/%		投资行业	占比/%
1	租赁和商务服务业	29.6	1	租赁和商务服务业	36.5
2	金融业	17.7	2	金融业	15.6
3	采矿业	16.1	3	采矿业	14.0
4	批发和零售业	13.3	4	批发和零售业	11.7
5	交通运输、仓储和邮政业	4.9	5	制造业	5.9
	合计	81.6		合计	83.7

注:根据 2009—2014 年中国对外直接投资统计公报数据综合整理。

3.2.5 投资方式多样,以跨国并购为主

企业参与对外投资的方式有绿地投资、合资经营、跨国并购等三种方式。我国企业早期参与对外投资的主要目的是成立合资公司或设立海外子公司,而从我国对外直接投资的发展现状来看,跨国并购已经成

为中国企业对外直接投资的主要方式之一。近年来,我国企业对外直接投资方式中,跨国并购所占比重虽有所下降,但并购金额呈现快速上升的态势。《2014年度中国对外直接投资统计公报》相关数据显示,2004—2014年,我国的跨国并购类对外直接投资合计2835.5亿美元,其中2014年并购金额实现569亿美元,是2004年(30亿美元)的18.97倍,年均增长34.2%。2014年,我国企业对外投资中以并购方式实现的并购项目为595起,涉及69个国家(地区),占当年对外直接投资总额的26.4%,如图3-10所示。并购领域涉及采矿业、制造业、租赁和商务服务业、批发和零售业等17个行业。可见,跨国并购已经成为我国对外直接投资的新亮点。

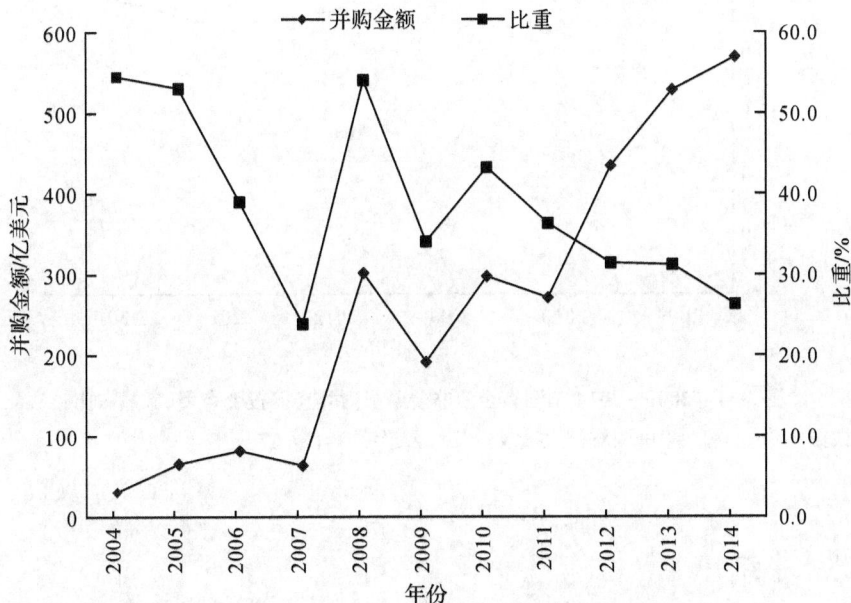

图3-10　2004—2014年中国对外直接投资并购金额及比重

注:根据《2014年度中国对外直接投资统计公报》数据综合计算。

3.2.6　投资主体多元,以国有企业为主

改革开放初期,我国参与对外投资的企业主要是一些外贸公司和外经公司。经过多年的发展,目前我国对外直接投资主体呈现出明显的多元化格局,参与企业主要有国有企业、有限责任公司、股份有限公司、股

份合作企业、私营企业、外商投资企业等,企业覆盖面广,类型多样,但仍以国有企业为主。2014年,国有企业非金融类对外直接投资存量和流量中,国有企业占比分别达到了53.6%和48.9%,如图3-11所示。虽然近年来国有企业对外直接投资比例呈现下滑趋势,但以国有企业为投资主体的状况依然没有改变。

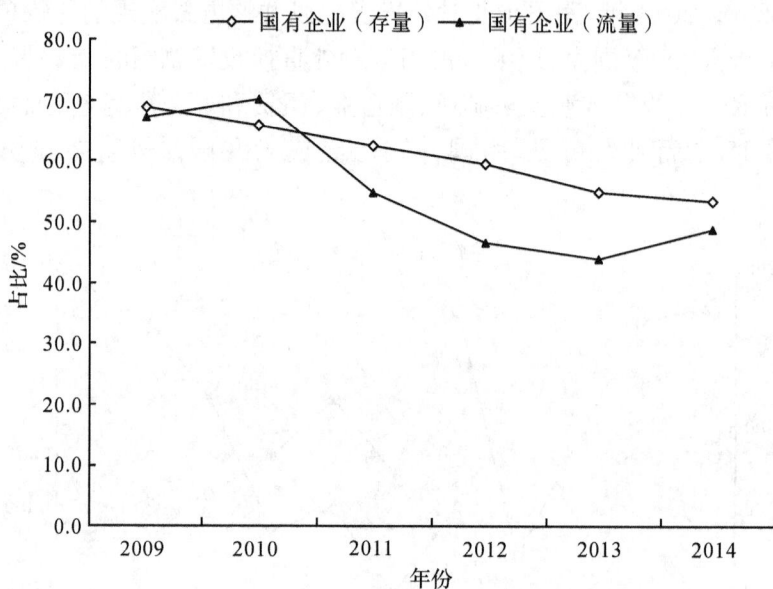

图 3-11　2009—2014 年国有企业非金融类对外直接投资存量、流量占比

注:根据 2009—2014 年中国对外直接投资统计公报综合计算。

3.3　小结

本部分结合中国对外经济贸易年鉴、中国对外直接投资统计公报、联合国贸易和发展会议数据库等的相关数据对我国对外直接投资发展概况做了分析。本部分从投资规模、地区分布、投资主体、投资行业等方面重点分析了近年来我国对外直接投资的发展现状和主要特征。

通过整合、分析大量相关数据资料得出,我国对外直接投资取得了长足进展,但与其他国家相比,在利用外资、GDP 规模等方面还存在较大的差距,对外直接投资规模不大,实力也较弱。投资地区分布广泛,投资主要流向亚洲、拉丁美洲、欧洲等地,在某些区域的投资集中度较高。投资行业稳步拓展,部分行业集中度较高,主要集中在租赁和商务服务业、批发和零售业、金融业、采矿业、制造业及交通运输、仓储和邮政业等。投资方式多样,以跨国并购为主,跨国并购已经成为我国对外直接投资的新亮点。投资主体多元,以国有企业为主。虽然近年来国有企业的对外直接投资比例有所下降,但投资的主体地位依然没有动摇。

4 中国产业结构升级水平时空格局演化特征

4.1 产业结构升级水平的测度

国外的产业结构升级水平的测度方法主要有霍夫曼系数、钱纳里标准结构等,但由于这些方法要求采用时间周期长、统计口径统一的高质量数据,因此在我国并不适用。目前,国内学术界对于产业结构升级水平的测度采用了不同的指标或指标体系(见表4-1):用产业结构层次系数来表示产业结构升级水平(王滢淇,阚大学,2013;赵伟,江东,2010;靖学青,2005);赋予不同产业不同的权重,经相应产业的收入比重加权后,将结果作为产业结构层次系数(杨建清,2015;杨建清,周志林,2013;蓝庆新,陈超凡,2013;潘颖,刘辉煌,2010;徐德云,2008);用各产业的劳动生产率和产业增加值占 GDP 比重的乘积来衡量产业结构升级水平(王飞,朱璋,庄雷,2015;李逢春,2012;周昌林,魏建良,2007);采用综合指标,赋予各项指标相应的权重(汤婧,于立新,2012;郑磊,2012;杨晓猛,2006)。

表 4-1 国内产业结构升级主要测度指标及代表作者

产业结构升级测度指标	采用依据或主要观点	代表作者
产业结构层次系数: $R = \sum_{i=1}^{3} y_i x_i, i = 1, 2, 3$ 式中,y_i 为第 i 产业的收入比重	产业结构优化升级主要表现为三大产业在国民经济中所占比重不断变化。强调第三产业在国民经济中的重要性	杨建清(2015);蓝庆新,陈超凡(2013);杨建清,周志林(2013);潘颖,刘辉煌(2010);徐德云(2008)

产业结构升级测度指标	采用依据或主要观点	代表作者
产业结构层次系数： $R = (Y_2 + Y_3)/\text{GDP}$ Y_2 和 Y_3 分别为第二、三产业产值	我国目前正处于工业化中后期阶段，产业结构升级主要表现为第二产业和第三产业产值不断增加	王滢淇，阚大学（2013）；赵伟，江东（2010）；靖学青（2005）
$R = 0.25 \times \sum_{i=1}^{3}(\text{GR}_i \times \text{Weight}_{1,i})$ $+ 0.3 \times \sum_{i=1}^{3}(\text{ER}_i \times \text{Weight}_{2,i})$ $+ 0.45 \times \sum_{i=1}^{3}(\text{GDPR}_i \times \text{Weight}_{3,i})$ GR_i 为 i 产业的增长率，ER_i 为 i 产业的就业人口占总就业人口的比例，GDPR_i 为 i 产业产值增量占 GDP 的比重，Weight_i 为各指标的相应权重	产业结构升级主要表现在三次产业、劳动力结构、产业部门贡献率等方面	汤婧，于立新（2012）；郑磊（2012）；杨晓猛（2006）
$R = \sum_{i=1}^{3}(\sqrt{L_i} \times P_i), i = 1,2,3$ L_i 为各产业的劳动生产率，P_i 为各产业增加值占 GDP 的比重	分工和专业化在促进劳动生产率提升的同时，也在促进产业结构的优化。因此，产业结构升级主要表现在劳动生产率的不断提升	王飞，朱琦，庄雷（2015）；李逢春（2012）；周昌林，魏建良（2007）

不同的指标或指标体系的建立都有相应的依据。近年来，我国第二、三产业产值占 GDP 的比重总体呈上升趋势，而第一产业呈下降趋势，且幅度较大，这与工业化中后期阶段产业结构升级主要表现为第二产业和第三产业产值不断增加的情况相符。基于此，本研究采用产业结构层次系数 R 作为测度指标。计算公式如下：

$$R_{i,t} = (Y_{2,i,t} + Y_{3,i,t})/Y_{i,t} \tag{4-1}$$

式中，$Y_{2,i,t}$、$Y_{3,i,t}$ 分别表示区域 i 在 t 时期内第二、三产业的产值，$Y_{i,t}$ 为区域 i 在 t 时期内的国内生产总值。

4.2 产业结构升级水平的空间研究方法

4.2.1 变异系数

作为衡量观测值变异程度的一项统计量,变异系数 CV 反映地区发展均衡程度,CV 越小,则说明地区发展越均衡,其计算公式为:

$$\text{CV} = \frac{\sqrt{\sum_{i=1}^{N}(x_i - \overline{x})^2/N}}{\overline{x}} \quad (4\text{-}2)$$

式中,N 为测量样本数,x_i 为样本值,$\overline{x}$ 为样本均值。

4.2.2 全局空间自相关

全局空间自相关通常用全局莫兰 I 数(Moran I)来衡量,反映的是研究对象在整个区域的空间分布特征,体现了空间邻接或空间邻近区域单元属性值的相似程度,计算公式为:

$$I = \frac{\sum_{i=1}^{n}\sum_{j=1}^{n}\boldsymbol{W}_{i,j}(x_i - \overline{x})(x_j - \overline{x})}{S^2 \sum_{i=1}^{n}\sum_{j=1}^{n}\boldsymbol{W}_{i,j}} \quad (4\text{-}3)$$

式中,x_i、x_j 为区域 i、j 的产业结构升级水平,$\overline{x}$ 为各区域的产业结构升级水平均值,S^2 为产业结构升级水平指标的方差,n 为研究区域单元总数,$\boldsymbol{W}_{i,j}$ 是空间权重矩阵(若空间相邻,则为 1,否则为 0)。全局莫兰 I 数的取值范围为(-1,1)。当取值为负时,表示负相关;取值为正时,表示正相关;取值为 0 时,表示不相关。

4.2.3 局部空间自相关

局部空间自相关通常用局部莫兰 I 数来度量,以衡量局部区域的空间聚集程度。其计算公式如下:

$$I_i = \frac{(x_i - \overline{x})}{S^2}\sum_{j=1}^{n}\boldsymbol{W}_{i,j}(x_j - \overline{x}) \quad (4\text{-}4)$$

式中,各变量含义与公式(4-3)相同。当 $I_i > 0$ 时,表明该空间与邻近空间单元的属性值相似(高与高或低与低),局部空间单元相似值趋于空间聚集;当 $I_i < 0$ 时,表明两者属性值不相似(高与低或低与高),局部空间单元相似值趋于空间分散;当 $I_i = 0$ 时,表明两者属性值空间呈随机性。

4.2.4 NICH 指数

NICH 指数即相对发展率指数,用来衡量某一时期内各研究区域相对于整体区域的发展速度,计算公式为:

$$\text{NICH} = \frac{y_{2,i} - y_{1,i}}{y_2 - y_1} \tag{4-5}$$

式中,$y_{1,i}$、$y_{2,i}$ 表示区域 i 在某一时期的初期和末期的产业结构升级水平,y_1、y_2 分别表示整个研究区域初期和末期相应的观测值。

4.3 产业结构升级水平的时间演化特征

4.3.1 产业结构升级水平阶梯式增长

根据公式(4-1)计算 2002—2014 年我国产业结构升级水平指标。[①]总体来看,近年来我国产业结构升级水平呈现阶梯式增长态势,并以 2004 年和 2008 年为界,大体分为过渡期、高速发展期和增长趋稳期三个阶段(见图 4-1)。随着我国正式加入世界贸易组织,2002 年我国的国内产业结构调整面临新的机遇和挑战。2005 年,为加强投资引导,淘汰落后产能,促进三产健康协调发展,我国正式颁布和实施旨在促进产业结构调整的相关指导目录和暂行规定,积极推进国内产业结构调整和优化升级。2008 年,受国际金融危机影响,我国外贸市场急剧萎缩,人民币持续升值,实体经济受到较大冲击,产业结构升级水平增长受到较大影响,但影响持续时间不长,2009 年产业结构升级水平小幅增长。2012 年,全球经济复苏趋缓,欧洲主权债务危机持续升级,国际金融市场反复大幅震荡,欧盟、美国等经济体的经济复苏显著放缓,处于转型升级关口的中国经济增速放缓,产业结构升级水平略有下降,但总体呈现阶梯式的增

---

① 2014 年为初步核实数据,下同。

长态势。面对宏观经济下行压力加大、企业增长乏力等情况,我国政府积极采取稳增长、促改革、调结构、惠民生的改革措施,大力推进简政放权,通过促进投资稳定增长,推进工业提质增效,扩大消费、激活三产,深化金融体制改革等多项措施,促进我国产业结构升级水平的提升。2014年,我国产业结构升级水平达到了历史最高值。

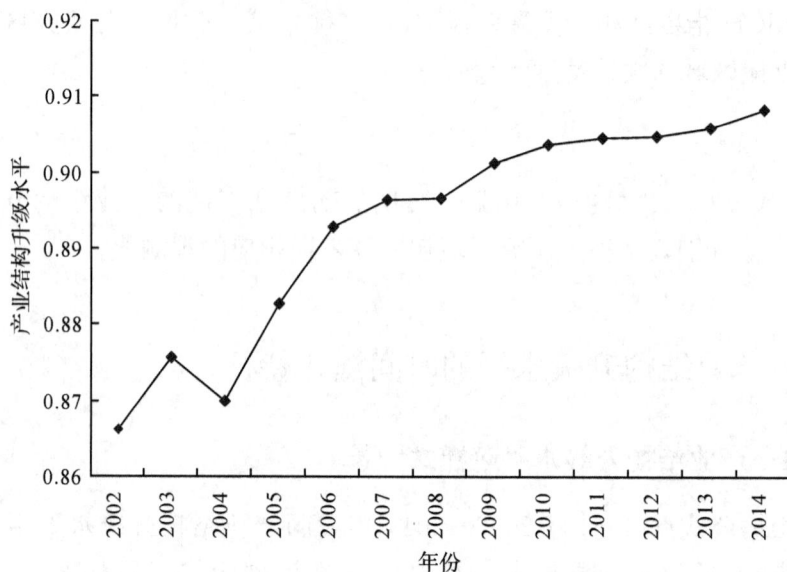

图 4-1 2002—2014 年我国产业结构升级水平

4.3.2 不同区域产业结构升级水平存在差异且差异趋于均衡

我国区域产业结构升级水平总体呈现"东高西低、北高南低"的特点,华北、华东地区产业结构升级水平高,东北、西北、西南、中南地区产业结构升级水平相对较低(见表 4-2)。2002—2014 年我国区域间产业结构升级水平存在差异,且不同区域间的增幅存在较大差异。除东北地区外,其他区域产业结构升级水平增幅明显,达 5% 以上,西南地区更是达 10%。利用公式(4-2),计算出我国产业结构升级水平的变异系数,结果如图 4-2 所示。

表4-2　2002—2014年我国区域产业结构升级水平

区域	2002年	2003年	2004年	2005年	2006年	2007年	2008年	2009年	2010年	2011年	2012年	2013年	2014年
华北地区	0.89	0.89	0.89	0.91	0.92	0.92	0.93	0.93	0.93	0.93	0.93	0.93	0.94
东北地区	0.87	0.88	0.87	0.87	0.88	0.88	0.88	0.89	0.89	0.89	0.89	0.88	0.89
华东地区	0.88	0.90	0.90	0.91	0.92	0.92	0.92	0.92	0.93	0.93	0.93	0.93	0.93
中南地区	0.85	0.86	0.85	0.87	0.88	0.88	0.88	0.89	0.89	0.90	0.90	0.90	0.90
西南地区	0.80	0.80	0.80	0.81	0.83	0.83	0.83	0.86	0.87	0.87	0.87	0.88	0.88
西北地区	0.83	0.83	0.84	0.85	0.87	0.87	0.87	0.87	0.87	0.88	0.88	0.88	0.89

注：根据2003—2015年《中国统计年鉴》的有关数据，利用公式（4-1）计算所得。我国地区分布按照地理区域划分。

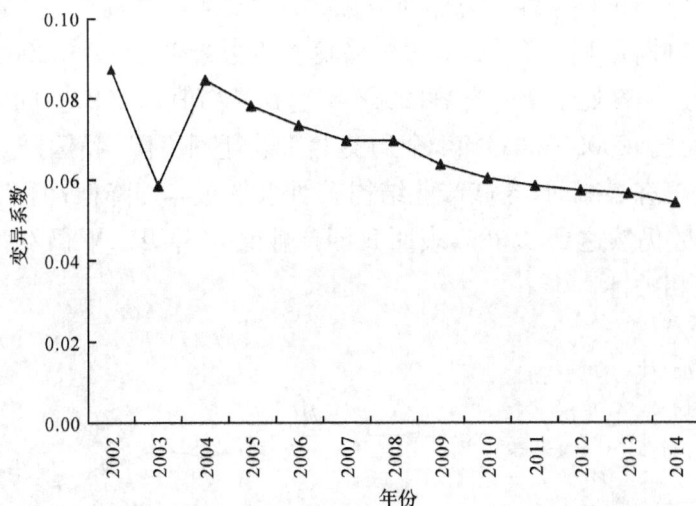

图4-2　2002—2014年我国产业结构升级水平变异系数

由图4-2可知，2002—2014年我国产业结构升级水平变异系数总体呈下降的态势，区域间产业结构升级水平趋向均衡。变异系数在2003年下降后又快速上升，幅度较为明显。我国加入世界贸易组织后产业结构调整进入波动磨合期，各省（区、市）先后出台了一系列扶持产业结构升级的政策，而产业结构基础的差异和政策扶持力度的不同，直接导致了我国区域产业结构升级水平存在较大差异。2004—2014年，变异系数呈缓慢下降态势，说明我国区域间产业结构升级水平差异逐年降低，产业结构升级水平总体趋向均衡。究其原因，主要是我国各地区充分响应国家关于产业结构调整升级的有关政策,大力引进先进技术,发展高新技术产业,加快由劳动密集型产业向资本、技术密集型产业转型。特别是随着西部大开发战略的进一步深入实施及中原经济区建设战略的实施,中西部内陆地区的产业结构升级水平有了较大提升,与东部沿海区域的产业结构升级水平差距不断缩小。

4.3.3 产业结构升级水平空间集聚程度迂回上升

根据公式(4-3)计算 2002—2014 年我国产业结构升级水平的全局莫兰 I 数(见图 4-3)。由图 4-3 可知,全局莫兰 I 数均大于 0.300,均通过 1% 的显著性水平检验,表明在此期间我国各地区产业结构升级水平存在显著的空间正相关性。总体而言,2002—2014 年全局莫兰 I 数处于震荡调整上升期。其中 2002 年的全局莫兰 I 数最低,2003—2008 年的全局莫兰 I 数一直处于上升态势,2008 年达到最高值 0.398,空间集聚态势进一步增强。2009—2014 年,全局莫兰 I 数迂回下降,我国产业结构升级空间集聚态势减弱,区域产业结构升级水平差异性降低;但 2014 年全局莫兰 I 数仍然达到 0.329,表明我国产业结构升级水平仍然存在显著的空间正相关性。

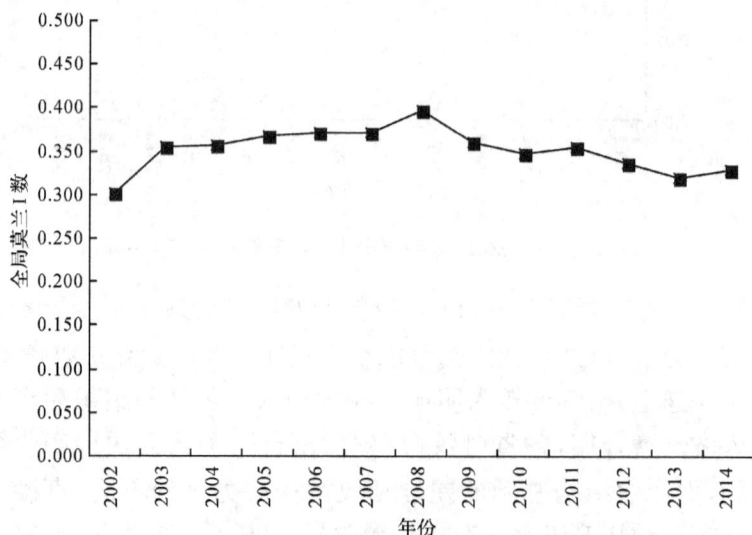

图 4-3 2002—2014 年我国产业结构升级全局莫兰 I 数

注:根据 2003—2015 年的中国统计年鉴的有关数据,利用公式(4-3)计算所得。

4.4　产业结构升级水平的空间演化特征

4.4.1　产业结构升级水平"东扩南进"

有学者(嘉蓉梅,2012;马安青,2000)将我国的产业结构升级水平划分为四类区域。本研究根据 ArcView 3.2 软件自然间断点分级法,将我国产业结构升级水平分为四个层次:高水平区(产业结构层次系数大于等于 0.95),较高水平区[产业结构层次系数介于 0.90(含)到 0.95(不含)之间],较低水平区[产业结构层次系数介于 0.80(含)到 0.90(不含)之间],低水平区(产业结构层次系数小于 0.80)。为进一步分析我国产业结构升级水平的时空格局及演化路径,本研究选取 2002 年、2006 年、2010 年和 2014 年我国 30 个省(区、市)产业结构升级水平作为研究对象[①],运用 ArcView 3.2 软件依次绘制出以上 4 个年份的我国 30 个省(区、市)产业结构升级水平的空间格局。

2002—2014 年我国产业结构升级高水平区集中在东部沿海一带,产业结构升级高水平区呈现"东扩南进"的发展态势。2002 年,我国产业结构升级水平的高水平区集中在北京、天津和上海 3 个直辖市,较高水平区集中在浙江、广东、山西等省份,低水平区则集中在内蒙古、西藏、四川、云南、贵州、广西、江西、安徽、河南等中西部地区。2006 年,我国产业结构升级水平的高水平区仍然集中在北京、天津和上海 3 个直辖市,较高水平区集中在山西、山东、江苏、浙江、广东等 5 个省份,较低水平区则集中在黑龙江、吉林、辽宁等东北地区,以及新疆、西藏、青海、甘肃、云南、四川、重庆、贵州、湖南等中西部 21 个省(区、市),低水平区则只有广西。2010 年,我国产业结构升级水平的高水平区则扩散至北京、天津、上海、浙江、广东等 5 个省(市),较高水平区集中在辽宁、山东、江苏、福建、山西、内蒙古等 10 个省(区),较低水平区仍然集中在东北地区以及中西部地区,但数量下降明显,低水平区数量则下降为零。到了 2014 年,我国产

---

① 由于海南的空间邻居定义具有较强的主观性(王红亮、胡伟平,2010;徐彬,2007),这里没有将其纳入研究对象中;另外,由于数据可得性问题,也没有将港澳台地区纳入研究对象中。因此,选取了我国 30 个省(区、市)作为研究对象。

业结构升级水平的高水平区仍然集中在北京、天津、上海、浙江、广东等5个省(市),较高水平区数量有所增加,较低水平区数量有所下降,低水平区数量仍然为零,总体格局变化不大。从全国范围来看,2002—2014年我国产业结构升级水平有了较大的提升,产业结构升级水平上升明显。此外,在我国产业结构升级水平上升过程中,北京、天津和上海3个直辖市一直处于"领头羊"的位置,这3个地区对周边区域的辐射作用也较为明显。

4.4.2　产业结构升级水平核心区域逐渐显现

根据公式(4-4)计算 2002—2014 年我国的局部莫兰 I 指数,运用 GeoDa 软件依次得出 2002—2014 年我国产业结构升级水平局部空间自相关关系的空间集聚情况(见表 4-3),运用 ArcView 3.2 软件依次绘制出 2002 年、2006 年、2010 年和 2014 年我国产业结构升级水平的局部空间自相关程度的 LISA 图。

表 4-3　2002—2014 年我国产业结构升级水平局部空间自相关关系的空间集聚情况

类型	2002 年	2003 年	2004 年	2005 年	2006 年	2007 年	2008 年
HH	—	—	江苏、上海	江苏、上海	江苏、上海	上海	上海
LL	四川、云南、广西、贵州	云南、广西、贵州、西藏	云南、广西、贵州、西藏、湖北	云南、广西、贵州、重庆	云南、广西、贵州、西藏	云南、广西、贵州、西藏	云南、广西、贵州、西藏
LH	—	河北	河北	河北	河北	河北	河北
HL	青海	青海	青海	青海	青海、重庆	青海、重庆	青海、重庆

类型	2009 年	2010 年	2011 年	2012 年	2013 年	2014 年	
HH	上海	上海	江苏、上海	江苏	江苏	江苏、上海	
LL	云南、广西、贵州、西藏	云南、广西、贵州、西藏	云南、广西、贵州、西藏	云南、广西、贵州、西藏	云南、广西、贵州、西藏	云南、广西、贵州、西藏	
LH	河北	河北	河北	河北	河北	河北	
HL	青海	青海	青海	青海	青海	青海	

注:根据公式(4-4)计算局部莫兰 I 指数,运用 GeoDa 软件所得。

我国产业结构升级水平局部空间自相关关系存在高高空间集聚(HH)、高低空间聚集(HL)、低高空间集聚(LH)和低低空间集聚(LL)

四种类型。低低空间集聚区域、低高空间集聚区域和高低空间集聚区分布较为稳定。低低空间集聚区域主要集中在云南、广西、贵州、西藏 4 个省(区),这表明这 4 个地区的产业结构升级水平一直处于较低水平,同时对周边区域的负辐射效应较强,与周边地区空间差异较小。从 2003 年起,河北一直是低高空间集聚区域,表明河北的产业结构升级水平较低,而周边区域如北京、天津等的产业结构升级水平较高,空间差异较大。青海一直是高低空间集聚区域,表明青海的产业结构升级水平较高,而周边区域如新疆、西藏、甘肃等产业结构升级水平较低,空间差异较大。2004 年,江苏、上海成为高高空间集聚区域,表明江苏、上海的产业结构升级水平迅速提升,且对周边地区的正辐射效应较强。此后,我国产业结构升级水平的高高空间集聚一直在江苏、上海两地徘徊。2014 年,我国产业结构升级水平 LISA 集聚区域基本保持稳定,江苏、上海依然是高高空间集聚区,我国产业结构升级水平的高高空间集聚区趋于稳定,可见江苏、上海已经成为我国产业结构升级水平的核心区域。

4.4.3 产业结构升级水平增速不均衡

为进一步探究我国产业结构升级水平的空间发展格局,本研究以 2008 年作为时间节点,根据公式(4-5)计算 2002—2008 年及 2008—2014 年我国 30 个省(区、市)的产业结构升级水平的 NICH 指数,利用 ArcView 3.2软件绘制成图。

2002—2008 年,除黑龙江、湖北外,其余 28 个省(区、市)的产业结构升级水平增长率均为正。其中,内蒙古、西藏、贵州、河南等中西部地区的产业结构升级发展速度相对较快,上海、辽宁、湖南、北京等地区发展速度较慢。2008 年我国整体产业结构升级水平较 2002 年有较大幅度的提升,但从全国范围来看,增长速度不均衡,各地区增长差异较大。2008—2014 年,我国产业结构升级水平增长格局基本没有改变,除黑龙江、山西、新疆外,其余 27 个省(区、市)的产业结构升级水平增长率均为正。各地区产业结构升级水平的增长仍然存在差异,四川、湖南、西藏、广西等中西部地区的产业结构升级水平增长仍然较快,后发优势明显;北京、上海、天津、浙江、广东等东部地区产业结构升级水平增速明显下滑,先发优势降低。

4.5　小结

本部分以 2002—2014 年我国 30 个省(区、市)的产业结构升级水平为研究对象,分析了近年来我国产业结构升级水平的时空格局演化情况,得到以下结论:

第一,我国产业结构升级水平呈现阶梯式增长态势。2002—2014年,我国产业结构升级水平经历了过渡期、高速发展期和增长趋稳期三个阶段。由于受到国际金融危机影响,2008 年我国产业结构升级水平增速放缓。2011 年,我国产业结构升级水平达到一个较高值。由于受到全球经济复苏趋缓、欧洲主权债务危机持续升级等因素影响,2012 年我国产业结构升级水平略有下降。通过采取稳增长、促改革、调结构、惠民生的改革措施,2014 年我国产业结构升级水平达到了历史最高值,总体呈现增长趋稳的态势。我国产业结构升级水平呈阶梯式的增长态势与国际国内环境有着密切联系。

第二,我国不同区域产业结构升级水平存在差异且差异趋于均衡。2002—2014 年,我国区域产业结构升级水平总体呈现"东高西低、北高南低"的特点,不同地区间增幅差异较大。除个别区域外,其他区域产业结构升级水平增幅明显。四川、西藏、广西、湖南等中西部地区的产业结构升级水平增长较快,后发优势显现;北京、天津、上海、浙江、广东等东部地区的产业结构升级水平增速明显下滑,先发优势降低。此外,西部内陆地区与东部沿海地区的产业结构升级水平差距不断缩小,区域间产业结构升级水平趋向均衡。

第三,我国各地区产业结构升级水平存在显著的空间正相关性。从空间布局来看,我国产业结构升级高水平地区集中在东部沿海一带,并呈现"东扩南进"的发展格局。北京、天津和上海 3 个直辖市一直处于"领头羊"的位置,3 个地区对周边地区的辐射作用也较为明显。

第四,我国产业结构升级水平核心区域逐渐显现。云南、广西、贵州、西藏等地区的产业结构升级水平一直处于较低水平,对周边区域的负辐射效应较强。与周边区域如北京、天津等相比,河北的产业结构升级水平较低,与周边地区空间差异较大。与周边区域如新疆、西藏、甘肃等相比,青海的产业结构升级水平较高,与周边地区空间差异也较大。江苏、上海的产业结构升级水平一直处于较高水平,对周边区域的正辐射效应较强。作为我国产业结构升级水平趋于稳定的高高集聚区域,江苏、上海已经成为我国产业结构升级水平的核心区域。

5 中国对外直接投资的产业结构升级效应的实证分析

5.1 地理探测器模型

地理探测器模型是一种新的评价健康与其风险因子之间内在关系的空间分析模型,它最早被运用于地方性疾病的致病因子探测中,用以探究地域性疾病与相关地理影响因素的内在联系(Wang,Li,Christakos et al.,2010),通过衡量疾病与可能存在的致病因子(如人口密度、与主要水源的距离等)在空间分布上的一致性程度,揭示两者之间存在的逻辑关系(Hu,Wang,Li et al.,2011)。此外,该模型也被运用于城镇化空间格局演变(刘彦随,杨忍,2012)、区域经济增长的空间分异及其影响因素(丁悦,蔡建明,任周鹏等,2014)、史前聚落人地关系(毕硕本,计晗,陈昌春等,2015)、区域创新平台空间分异的影响因素(丛海彬,邹德玲,蒋天颖,2015)、居民宜居满意度影响机理(湛东升,张文忠,余建辉等,2015)等相关研究之中。

传统的统计分析方法在分析、处理健康风险评估时一般要求有同方差性和正态性等假设条件,应用受限因素较多,而现实条件往往难以满足,从而影响了模型的应用(丁悦,蔡建明,任周鹏等,2014),但地理探测器模型的假设约束条件较少(Hu,Wang,Li et al.,2011),因而具有较好的运用前景。

地理探测器模型主要使用探测力指标(P值),其核心思想主要是:

地理事物(如经济发展水平、技术创新程度等)总是存在于特定的空间区域之中,由于其所处的空间区域存在社会环境因素(如人口、教育、投资、资源等)上的差异,因而地理事物也有一定的差异。如果地理事物与其所处的社会环境因素在空间上存在显著的一致性,那么该社会环境因素对所在地理事物的发展具有决定性作用(Wang,Li,Christakos et al.,2010;丁悦,蔡建明,任周鹏等,2014)。

我国产业结构升级水平受到经济社会、自然要素等多种环境和不同因素的影响,因此探测我国产业结构升级水平影响因素的计算模型如下:

$$P_{D,U} = 1 - \frac{1}{n\sigma^2 U} \sum_{i=1}^{m} n_{D,i} \sigma^2 U_{D,i} \tag{5-1}$$

式中,$P_{D,U}$ 为产业结构升级水平影响因素 D 的探测力指标,代表了该影响因素对产业结构升级水平的控制力;n 为整个区域样本数;$n_{D,i}$ 为次级区域样本数;m 为次级区域个数;$\sigma^2 U$ 为整个区域产业结构升级水平的方差;$\sigma^2_{U_{D,i}}$ 为次级区域产业结构升级水平的方差。

$P_{D,U}$ 的取值区间为 $[0,1]$,$P_{D,U}$ 值越大,说明影响因子 D 对产业结构升级水平的影响度越高。当 $P_{D,U}$ 为 0 时,表明产业结构升级水平分布呈随机分布状态,因素 D 与产业结构升级水平完全无关;当 $P_{D,U}$ 为 1 时,说明因素 D 与产业结构升级水平完全相关,可以完全解释产业结构升级水平的分布差异。

为了动态分析对外直接投资与产业结构升级水平的内在联系,这里将 2003—2014 年我国 30 个省(区、市)[①]的非金融类对外直接投资流量和存量数据标准化后,在 ArcGIS 软件中进行自然聚类分级,共分为三级三个区域,同时将 30 个省(区、市)的产业结构层次系数 R 标准化,根据地理探测器模型,利用公式(5-1)分别计算出 2003—2014 年非金融类对外直接投资流量和存量对产业结构层次系数 R 的 P 值,主要计算过程及结果如表 5-1、表 5-2 所示。

---

① 由于海南省的空间邻居定义具有较强的主观性,这里仍没有将其纳入研究对象中;另外,由于数据可得性问题,也没有将港澳台地区纳入研究对象中。

表 5-1　2003—2014 年非金融类对外直接投资流量对产业
结构层次系数 R 的 P 值及计算过程

计算过程		2003 年	2004 年	2005 年	2006 年	2007 年	2008 年
区域方差	一级	0.000	0.019	0.000	0.021	0.000	0.000
	二级	0.005	0.005	0.004	0.007	0.007	0.006
	三级	0.000	0.001	0.000	0.001	0.003	0.002
区域样本数	一级	0.989	2.673	1.000	1.750	0.769	0.758
	二级	4.198	3.321	4.690	3.484	3.194	4.897
	三级	7.975	6.829	6.818	8.041	9.425	7.516
整个区域样本数		13.162	12.823	12.508	13.276	13.388	13.172
整个区域方差		0.070	0.069	0.072	0.068	0.071	0.074
整个区域样本数×整个区域方差		0.919	0.888	0.902	0.909	0.954	0.973
区域样本数×区域方差	一级	0.000	0.050	0.000	0.036	0.000	0.000
	二级	0.022	0.017	0.018	0.023	0.022	0.028
	三级	0.002	0.008	0.003	0.006	0.026	0.014
求和		0.024	0.075	0.020	0.066	0.048	0.041
P 值		0.974	0.916	0.978	0.928	0.950	0.957
计算过程		2009 年	2010 年	2011 年	2012 年	2013 年	2014 年
区域方差	一级	0.020	0.025	0.033	0.028	0.039	0.050
	二级	0.004	0.003	0.004	0.009	0.001	0.001
	三级	0.002	0.002	0.003	0.002	0.001	0.000
区域样本数	一级	4.446	4.400	3.674	3.466	4.684	5.716
	二级	4.397	3.693	2.212	3.017	4.569	3.643
	三级	4.236	6.545	7.276	6.901	4.107	4.662
整个区域样本数		13.079	14.637	13.162	13.385	13.360	14.021
整个区域方差		0.072	0.060	0.070	0.069	0.070	0.066
整个区域样本数×整个区域方差		0.938	0.875	0.919	0.924	0.934	0.931

计算过程		2009 年	2010 年	2011 年	2012 年	2013 年	2014 年
区域样本数×区域方差	一级	0.089	0.108	0.120	0.096	0.184	0.286
	二级	0.018	0.012	0.010	0.027	0.006	0.002
	三级	0.007	0.010	0.018	0.016	0.003	0.002
求和		0.114	0.130	0.149	0.139	0.194	0.290
P 值		0.878	0.851	0.838	0.850	0.792	0.689

注：数据来源于 2003—2014 年中国对外直接投资公报。其中，2003 年的非金融类对外直接投资流量数据为对外直接投资净额，新疆的数据包含新疆生产建设兵团。

表 5-2　2003—2014 年非金融类对外直接投资存量对产业
结构层次系数 R 的 P 值及计算过程

计算过程		2003 年	2004 年	2005 年	2006 年	2007 年	2008 年
区域方差	一级	0.030	0.032	0.044	0.035	0.000	0.000
	二级	0.003	0.002	0.005	0.002	0.009	0.002
	三级	0.000	0.001	0.000	0.000	0.001	0.001
区域样本数	一级	1.741	1.721	1.744	1.750	0.769	0.758
	二级	1.507	1.512	3.387	3.939	4.015	3.998
	三级	9.914	9.590	7.376	7.586	8.604	8.416
整个区域样本数		13.162	12.823	12.508	13.276	13.388	13.172
整个区域方差		0.070	0.069	0.072	0.068	0.071	0.074
整个区域样本数×整个区域方差		0.919	0.888	0.902	0.909	0.954	0.973
区域样本数×区域方差	一级	0.051	0.054	0.077	0.061	0.000	0.000
	二级	0.004	0.004	0.017	0.010	0.036	0.006
	三级	0.004	0.010	0.004	0.003	0.008	0.011
求和		0.059	0.068	0.098	0.074	0.044	0.017
P 值		0.936	0.924	0.892	0.919	0.954	0.983
计算过程		2009 年	2010 年	2011 年	2012 年	2013 年	2014 年
区域方差	一级	0.000	0.000	0.000	0.000	0.000	0.000
	二级	0.004	0.007	0.005	0.010	0.010	0.011
	三级	0.002	0.003	0.002	0.002	0.001	0.002

续　表

计算过程		2009 年	2010 年	2011 年	2012 年	2013 年	2014 年
区域样本数	一级	0.760	0.775	0.741	0.743	0.746	0.754
	二级	4.148	4.613	4.448	4.464	4.468	4.007
	三级	8.171	9.249	7.973	8.177	8.146	9.261
整个区域样本数		13.079	14.637	13.162	13.385	13.360	14.021
整个区域方差		0.072	0.060	0.070	0.069	0.070	0.066
整个区域样本数×整个区域方差		0.938	0.875	0.919	0.924	0.934	0.931
区域样本数×区域方差	一级	0.000	0.000	0.000	0.000	0.000	0.000
	二级	0.017	0.032	0.024	0.047	0.043	0.045
	三级	0.017	0.030	0.016	0.015	0.012	0.021
求和		0.034	0.062	0.040	0.061	0.055	0.067
P 值		0.964	0.930	0.956	0.933	0.941	0.929

注:数据来源于 2003—2014 年中国对外直接投资公报。其中,新疆的数据包含新疆生产建设兵团。

由表 5-1 可知,我国对外直接投资流量对产业结构升级水平的 P 值均在 0.68 以上,表明在 2003—2014 年我国对外直接投资流量对产业结构升级水平有很高的影响力。对外直接投资流量是我国产业结构升级水平的主要影响因素之一,两者也具有高度的相关性。

由表 5-2 可知,2003—2014 年,对外直接投资存量对产业结构升级水平的 P 值介于 0.890 至 0.980 之间,表明对外直接投资存量对产业结构升级水平的影响很大。对外直接投资存量是我国产业结构升级水平的主要因素之一,两者存在高度的相关性。

综上,可以认为无论是从流量数据还是从存量数据上看,我国对外直接投资对产业结构升级水平都具有很大的影响力,对外直接投资是影响我国产业结构升级水平的主要因素之一,两者存在高度的相关性。

5.2　传统计量模型

5.2.1　模型构建

假设对外直接投资与产业结构水平成相关线性关系,以产业结构层

次系数 R 作为被解释变量,解释变量 OFDIS、OFDIF 分别为对外直接投资存量和流量,建立如下线性回归模型:

$$R_{i,t} = \alpha_{1,i,t} + \beta_{1,i,t} \text{OFDIS}_{i,t} + \varepsilon_{1,i,t} \tag{5-2}$$

$$R_{i,t} = \alpha_{2,i,t} + \beta_{2,i,t} \text{OFDIF}_{i,t} + \varepsilon_{2,i,t} \tag{5-3}$$

式中,α 为截距项,β 为对外直接投资流量或存量系数,i 表示地区,t 表示第 t 年,$\varepsilon_{i,t}$ 表示随机误差项。

考虑到我国从 2003 年开始各省(区、市)的非金融类对外直接投资流量和存量数据公布于历年中国对外直接投资统计公报中,且 2002 年我国部分省(区、市)的非金融类对外直接投资流量和存量数据缺失,同时鉴于数据的一致性、连贯性,这里选取我国 31 个省(区、市)[①]2003—2014 年的产业结构层次系数 R、非金融类对外直接投资流量和存量的面板数据,利用 Stata 12.0 计量分析软件对样本数据进行检验与计算处理。

5.2.2 模型筛选

对于面板数据混合效应和固定效应模型,采用 F 检验方法;对于面板数据随机效应和混合效应模型,采用 BP 检验方法;对于面板数据固定效应和随机效应模型,采用 Hausman 检验方法。对于模型(5-2)的检验结果如图 5-1、图 5-2、图 5-3 所示,对于模型(5-3)的检验结果如图 5-4、图5-5、图 5-6 所示。

---

① 由于数据可得性问题,没有将港澳台地区纳入研究对象中。

固定效应(组内)回归				样本数=372	
组变量:省(区、市)				组数=31	
组内 R^2=0.0603				每组观测值:最小值=12.0	
组间 R^2=0.2716				平均值=12.0	
整体 R^2=0.1346				最大值=12.0	
				$F(1,340)$=21.82	
corr(u_i, Xb)=0.2837				Prob > F=0.0000	

R	系数	标准差	t 值	P 值	[95% 置信区间]	
OFDIS	1.45e−08	3.11e−09	4.67	0.000	8.42e−09	2.07e−08
_cons	0.8749674	0.0013528	646.80	0.000	0.8723066	0.8776282
sigma_u	0.05688543					
sigma_e	0.02274876					
rho	0.86212546					

F test that all u_i=0: F(30, 340)=69.00 Prob > F=0.0000

图 5-1 模型(5-2)的 F 检验结果

BP 随机效应拉格朗日乘数检验

R[province,t]=Xb+u[province]+e[province,t]

估计结果:

	Var	sd=sqrt(Var)
R	0.0038843	0.0623238
e	0.0005175	0.0227488
u	0.0025811	0.0508047

Test: Var(u)=0

chibar2(01)= 1291.88

Prob > chibar2=0.0000

图 5-2 模型(5-2)的 BP 检验结果

参数			
	(b)	(B)	(b−B)	sqrt(diag(V_b−V_B))
	fe	re	Difference	S.E.
OFDIS	1.45e−08	1.54e−08	−8.61e−10	3.09e−10

b=H₀ 和 Hₐ 假设条件下的一致性

B=Hₐ 假设条件下的非一致性，H₀ 假设条件下的有效性

检验：H₀：参数不存在系统性差异

$$chi2(1)=(b-B)'[(V\_b-V\_B)^{-1}](b-B)$$
$$=7.77$$

Prob>chi2=0.0053

图 5-3 模型(5-2)的 Hausman 检验结果

固定效应(组内)回归				样本数=356	
组变量:省(区、市)				组数=31	
组内 R²=0.0801				每组观测值:最小值=5.0	
组间 R²=0.3117				平均值=11.5	
整体 R²=0.1375				最大值=12.0	
				F(1,324)=28.22	
corr(u_i, Xb)=0.2837				Prob > F=0.0000	
R	系数	标准差	t 值	P 值	[95% 置信区间]
OFDIF	6.08e−08	1.14e−08	5.31	0.000	3.83e−08　8.33e−08
_cons	0.8782473	0.0012381	709.35	0.000	0.8758116　0.8806831
sigma_u	0.05508943				
sigma_e	0.0201928				
rho	0.88155757	(fraction of variance due to u_i)			
F test that all u_i=0:	F(30，324)=78.17	Prob > F=0.0000			

图 5-4 模型(5-3)的 F 检验结果

BP 随机效应拉格朗日乘数检验

$$R[province, t] = Xb + u[province] + e[province, t]$$

估计结果：

		Var	sd=sqrt(Var)
R		0.0035542	0.059617
e		0.0004077	0.0201928
u		0.0022807	0.0477562

Test： Var(u)=0

chibar2(01)= 1181.54

Prob>chibar2=0.0000

图 5-5　模型(5-3)的 BP 检验结果

参数			
	(b)	(B)	(b−B)	sqrt(diag(V_b−V_B))
	fe	re	Difference	S. E.
OFDIF	6.08e−08	6.37e−08	−2.86e−09	9.05e−10

b=H₀ 和 Hₐ 假设条件下的一致性

b=H_0 和 H_a 假设条件下的一致性

B=H_a 假设条件下的非一致性，H_0 假设条件下的有效性

检验：H_0：参数不存在系统性差异

$$chi2(1) = (b-B)'[(V\_b-V\_B)^{-1}](b-B)$$

$$= 9.98$$

Prob>chi2=0.0016

图 5-6　模型(5-3)的 Hausman 检验结果

综上，在 F 检验中，P 值小于 0.01，固定效应非常显著，采用固定效应模型；在 BP 检验中，P 值小于 0.01，随机效应非常显著，采用随机效应模型；在 Hausman 检验中，P 值小于 0.01，固定效应非常显著，采用固定效应模型。综上，对于模型(5-2)、模型(5-3)，本研究采用固定效应模型进行研究分析。具体的检验结果如表 5-3 所示。

表 5-3 模型(5-2)、模型(5-3)的固定、随机和混合效应检验结果

检验目的	检验方法	模型(5-2)		模型(5-3)	
		结果	结论	结果	结论
混合或固定效应	F 检验	$F=69.00$ $P=0.0000$	固定效应	$F=78.17$ $P=0.0000$	固定效应
随机或混合效应	BP 检验	chi2$=1291.88$ $P=0.0000$	随机效应	chi2$=1181.54$ $P=0.0000$	随机效应
固定或随机效应	Hausman 检验	chi2$=7.77$ $P=0.0053$	固定效应	chi2$=9.98$ $P=0.0016$	固定效应

5.2.3 模型检验与修正

由于面板回归方法不能排除数据中组内的序列相关性、截面相关性以及截面异方差性等问题,因此有必要对采用的固定效应模型估计结果做序列相关性、截面相关性以及截面异方差性检验。对于固定效应模型,本研究采用 Wooldridge 检验方法来检验模型的序列相关性,结果如图 5-7、图 5-8 所示。由检验结果可知,P 值小于 0.01,则可以认为模型(5-2)、模型(5-3)存在序列相关性。

面板数据自相关 Wooldridge 检验

H_0:模型不存在一阶自相关

$$F(1,30)=179.232$$

$$\text{Prob} > F=0.0000$$

图 5-7 模型(5-2)的 Wooldridge 检验结果

面板数据自相关 Wooldridge 检验

H_0:模型不存在一阶自相关

$$F(1,30)=165.818$$

$$\text{Prob} > F=0.0000$$

图 5-8 模型(5-3)的 Wooldridge 检验结果

对于模型(5-2)、模型(5-3),由于采用的是短面板数据,因此采用 Pesaran 检验、Friedman 检验以及 Frees 检验方法来检验模型的截面相

关性,结果如图 5-9、图 5-10 所示。由图 5-9、5-10 可知,除模型(5-3)在 Friedman 检验中没有拒绝原假设外,其他检验均拒绝了原假设,且 P 值小于 0.01,可以认为模型(5-2)、模型(5-3)存在截面相关性。

Pesaran 截面独立性检验=39.901, Pr = 0.0000
Friedman 截面独立性检验=160.459, Pr = 0.0000
Frees 截面独立性检验=12.796
Q 分布临界值
alpha = 0.10：0.2136
alpha = 0.05：0.2838
alpha = 0.01：0.4252

图 5-9　模型(5-2)的 Pesaran、Friedman、Frees 检验结果

Pesaran 截面独立性检验=31.095, Pr = 0.0000
Friedman 截面独立性检验=9.471, Pr = 0.9999
Frees 截面独立性检验=6.802
Q 分布临界值
alpha = 0.10：0.4892
alpha = 0.05：0.6860
alpha = 0.01：1.1046

图 5-10　模型(5-3)的 Pesaran、Friedman、Frees 检验结果

对于模型(5-2)、模型(5-3),本研究采用修正 Wald 检验方法来检验模型的截面异方差性,检验结果如图 5-11、图 5-12 所示。由图 5-11、5-12 可知,P 值小于 0.01,可以认为模型(5-2)、模型(5-3)存在截面异方差性。

固定效应回归模型中异方差性的修正 Wald 检验
H_0：sigma$(i)^2$ = sigma^2 for all i
chi2 (30) = 4446.30
Prob>chi2 = 0.0000

图 5-11　模型(5-2)的修正 Wald 检验结果

固定效应回归模型中异方差性的修正 Wald 检验

H_0：sigma$(i)^2$＝sigma^2 for all i

chi2 (30)　＝3113.00

Prob＞chi2＝0.0000

图 5-12　模型(5-3)的修正 Wald 检验结果

综上，对模型(5-2)和模型(5-3)采用的固定效应模型均存在序列相关性、截面相关性以及截面异方差性问题。具体检验结果如表 5-4 所示。

表 5-4　固定效应模型序列相关性、截面相关性及截面异方差性检验结果

检验目的	检验方法	模型(5-2)		模型(5-3)	
		结果	结论	结果	结论
序列相关性	Wooldridge 检验	$F=179.232$ $P=0.0000$	存在	$F=165.818$ $P=0.0000$	存在
截面相关性	Pesaran 检验	39.901 $P=0.000$	存在	31.095 $P=0.0000$	存在
	Friedman 检验	160.459 $P=0.000$	存在	9.471 $P=0.999$	不存在
	Frees 检验	12.796	存在	6.802	存在
截面异方差性	修正的 Wald 检验	chi2＝4446.30 $P=0.00$	存在	chi2＝3113.00 $P=0.0000$	存在

综上所述，通过相关检验，可以认为模型(5-2)和模型(5-3)存在序列相关性、截面相关性以及截面异方差性，固定效应的回归结果就对外直接投资的产业结构升级效应而言，不具有很强的解释力和说服力。为了消除面板统计结果中的序列相关性、截面相关性以及截面异方差性问题，且由于样本数据 N 远大于时期数 T，本研究采用 Driscoll 和 Kraay (1998)提出的非参数协方差矩阵估计方法进行修正。该方法在 Stata 中的操作命令是 xtscc，修正后的结果如图 5-13、图 5-14 所示。

Driscoll 和 Kraay 标准误回归				样本数＝372		
方法:固定效应回归				组数＝31		
组变量:省(区、市)				$F_{(1,30)}$＝11.06		
最大滞后阶数:2				Prob＞F＝0.0023		
				组内 R^2＝0.0603		
			Drisc/Kraay			
R	系数	标准差	t 值	P 值	[95％ 置信区间]	
OFDIS	1.45e－08	4.37e－09	3.33	0.002	5.61e－09	2.35e－08
_cons	0.8749674	0.0074763	117.03	0.000	0.8596988	0.890236

图 5-13　模型(5-2)运用非参数协方差矩阵估计方法的修正结果

Driscoll 和 Kraay 标准误回归				样本数＝356		
方法:固定效应回归				组数＝31		
组变量:省(区、市)				$F_{(1,30)}$＝9.53		
最大滞后阶数:2				Prob＞F＝0.0043		
				组内 R^2＝0.0801		
			Driscoll/Kraay			
R	系数	标准差	t 值	P 值	[95％ 置信区间]	
OFDIF	6.08e－08	1.97e－08	3.09	0.004	2.06e－08	1.01e－07
_cons	0.8782473	0.0063862	137.52	0.000	0.865205	0.8912897

图 5-14　模型(5-3)运用非参数协方差矩阵估计方法的修正结果

5.2.4　模型结论

综合以上研究,模型估计结果如下:

$$R = 0.875 + 1.45 \times 10^{-8} \text{OFDIS} \tag{5-4}$$
$$(117.03^{***})(3.33^{***})$$

$$R = 0.878 + 6.08 \times 10^{-8} \text{OFDIF} \tag{5-5}$$
$$(137.52^{***})(3.09^{***})$$

式中,括号内为 t 值。*** 表示在 1％的显著性水平下拒绝原假设。

模型(5-4)表示非金融类对外直接投资存量为解释变量时,其与产业结构升级水平的相关关系。结果表明,在 1％的显著性水平下,我国对外直接投资存量和产业结构升级水平存在显著的正相关关系。随着对外直接投资存量的增长,产业结构升级水平逐步提升,即非金融类对外直接投资存量每上升 100 亿美元,产业结构升级水平上升 0.0145。模型

(5-5)表示非金融类对外直接投资流量为解释变量时与产业结构升级水平的相关关系。结果表明,在 1‰ 的显著性水平下,对外直接投资流量和产业结构升级水平也存在显著的正相关关系。随着对外直接投资流量的增长,产业结构升级水平逐步提升,即非金融类对外直接投资流量每上升 100 亿美元,产业结构升级水平上升 0.0608。

5.3 影响我国产业结构升级水平的其他因素分析

5.3.1 产业结构升级水平的其他影响因素

为了全面分析我国产业结构升级水平的影响因素,同时考虑到数据获取的一致性、连续性、可比性,结合国内学者(王英,周蕾,2013;杜传忠,郭树龙,2011)等的研究结论,本研究尝试从能源、资本、劳动力、消费水平、技术进步、国际贸易、经济发展水平等七个方面选择 9 个代表变量来对产业结构升级水平影响因素进行分析,具体如表 5-5 所示。

表 5-5 产业结构升级水平影响因素、代表变量

影响因素	代表变量	单位	符号
经济发展水平	国内生产总值	亿元	gdp
能源	电力消费量	亿千瓦·时	power
资本	全社会固定资产投资	亿元	fai
	外商投资总额	亿美元	fdi
劳动力	私营企业和个体就业人数	万人	employe
消费水平	最终消费支出	亿元	consume
	城镇居民人均可支配收入	元	income
技术进步	专利申请授权数	件	patent
国际贸易	进出口总额	万美元	iexport

将上述各项指标标准化,在 ArcGIS 中进行自然聚类分级,根据地理探测器模型,利用公式(5-1)分别计算出 2003 年、2007 年、2012 年、2013 年和 2014 年各要素对产业结构升级水平的 P 值,结果如表 5-6 所示。

表 5-6　各要素对产业结构升级水平的 P 值

年份	gdp	power	fai	fdi	employe	consume	income	patent	iexport
2003	0.998	0.998	0.995	0.999	0.998	0.999	0.999	0.999	0.999
2007	0.813	0.804	0.685	0.886	0.776	0.869	0.968	0.649	0.917
2012	0.904	0.897	0.840	0.877	0.874	0.774	0.988	0.906	0.933
2013	0.908	0.861	0.869	0.953	0.935	0.844	0.769	0.993	0.883
2014	0.909	0.871	0.866	0.944	0.874	0.892	0.900	0.956	0.949

由表 5-6 可知,2003 年、2007 年、2012 年、2013 年、2014 年我国产业结构升级水平受到能源、资本、劳动力、消费水平、技术进步、国际贸易、经济发展水平等多种因素的影响,P 值均在 0.600 以上,表明这些因素都是影响我国产业结构升级水平的主要因素。其他影响因素的 P 值在不同时期呈现不同的升降态势,表明不同时期不同要素对产业结构升级水平的影响力存在差异。

5.3.2　模型调整与优化

由上文分析可知,模型(5-2)、模型(5-3)采用固定效应模型时,极低的组内 R^2 也说明模型可能存在问题。因此,有必要就前文所采用的传统计量模型做进一步的修正,以确保研究结论的准确性和可靠性。本研究主要采取以下方法做进一步改进:一是对相关变量取对数以防止样本数据产生较大的波动性。对个别缺失或为零的样本数据,以赋值 1 的方法进行替代。二是进一步修正、完善计量模型。

由于我国产业结构升级水平受到能源、资本、劳动力、消费水平、技术进步、国际贸易、经济发展水平等多方面因素的影响,因此在模型设计时有必要加入其他变量予以分析。目前还没有成熟的、被广泛接受的对外直接投资影响产业结构升级的计量模型。国内学者在研究对外直接投资的产业结构升级效应时,大多是在钱纳里标准模型的基础上做进一步拓展、优化。因此,本研究也借鉴钱纳里标准模型,并在此基础上加入相关变量,重新构建对外直接投资影响产业结构升级的计量模型。

钱纳里构建的适用于不同经济发展水平标准结构的产业变动标准模型如下:

$$Y = \alpha_{i,t} + \beta_1 \text{AGDP} + \beta_2 \text{AGDP}^2 + \beta_3 N + \beta_4 N^2 + \sum \varepsilon_i T_i + \delta I + \cdots$$

$$(5\text{-}6)$$

式中，Y 表示一国包括产业结构变动在内的经济结构的变动情况；AGDP 代表人均 GDP；N 表示某一时期的人口数量；T 为时间趋势变量；I 为包含资源和生产要素在内的流动情况，如资本的流动、进出口的变化等。引入影响因素 I 主要是用于测度资本流动、进出口等因素对产业结构的影响，这为后续在模型中加入对外直接投资这一变量预留了空间。因此，可以在钱纳里标准模型中加入对外直接投资变量，从而测度该变量对产业结构升级的影响程度。此外，由于我国对外直接投资相关数据统计年份不长，时间因素对于产业结构升级的影响程度较小，因此可以忽略不计，故将此变量在模型中予以剔除。结合钱纳里标准模型，重新引入修正模型：

$$R_{i,t} = \alpha_{i,t} + \beta_{1,i,t} \ln \text{agdp} + \beta_{2,i,t} (\ln \text{agdp})^2 + \beta_{3,i,t} \ln \text{employe}$$
$$+ \beta_{4,i,t} \ln \text{employe}^2 + \beta_{5,i,t} \ln \text{OFDIF} + \varepsilon_{i,t}$$

$$(5\text{-}7)$$

式中，R 为被解释变量，代表产业结构升级水平指标；agdp 和 employe 为控制变量，分别代表人均国内生产总值、私营企业和个体就业人数；OFDIF 为主要解释变量，代表非金融类对外直接投资流量。与此同时，将前文分析的影响我国产业结构升级的其他因素逐一引入模型之中。为了考察修正模型中各解释变量回归系数符号及显著性水平的稳定性，本研究采用逐步回归的方法对修正模型进行回归分析，并对相关模型做相应检验，结果如表 5-7 所示。

表 5-7　模型分析结果

	变量	模型 1	模型 2	模型 3	模型 4	模型 5	模型 6	模型 7	模型 8
控制变量	agdp	0.181 *** (6.40)	0.181 *** (6.47)	0.179 *** (6.30)	0.173 *** (5.95)	0.163 *** (5.62)	0.116 *** (3.83)	0.205 *** (6.94)	0.122 *** (3.92)
	agdp^2	−0.008 *** (−5.36)	−0.008 *** (−5.77)	−0.008 *** (−5.65)	−0.008 *** (−5.43)	−0.007 *** (−4.85)	−0.004 ** (−2.10)	−0.009 ** (−6.09)	−0.004 ** (−2.62)
	employe	0.062 *** (5.48)	0.049 *** (4.01)	0.050 *** (4.00)	0.049 *** (3.85)	0.041 *** (3.19)	0.041 *** (3.35)	0.039 *** (3.08)	0.048 *** (3.87)
	employe^2	−0.004 *** (−4.41)	−0.003 *** (−3.04)	−0.003 *** (−3.04)	−0.003 *** (−3.03)	−0.002 *** (−2.25)	−0.002 ** (−2.37)	−0.003 ** (−2.40)	−0.003 *** (−3.11)

续 表

变量		模型 1	模型 2	模型 3	模型 4	模型 5	模型 6	模型 7	模型 8
解释变量	OFDIF	0.00048 * (1.86)	0.00047 * (1.85)	0.00047 * (1.82)	0.00048 * (1.87)	0.00046 * (1.82)	0.00067 *** (2.67)	0.00047 * (1.88)	0.00045 * (1.79)
	power		0.017 *** (2.82)	0.016 *** (2.64)	0.016 ** (2.52)	0.018 *** (2.93)	0.020 *** (3.35)	0.018 *** (3.06)	0.019 *** (3.18)
	fdi			0.001 (0.39)	0.0003 (0.11)	0.0008 (0.30)	0.002 (0.70)	0.002 (0.09)	0.002 (0.94)
	iexport				0.003 (1.07)	0.004 (1.30)	0.006 ** (2.09)	0.004 (1.57)	0.005 * (1.85)
	patent					−0.007 *** (−2.81)			
	income						−0.055 *** (−5.14)		
	fai							−0.010 *** (−4.01)	
	consume								−0.028 *** (−4.02)
	常数项	−0.373 *** (−2.83)	−0.389 *** (−2.98)	−0.382 *** (−2.90)	−0.369 *** (−2.79)	−0.303 ** (−2.28)	0.210 (1.24)	−0.521 *** (−3.86)	−0.053 (−0.35)
组内 R^2		0.7497	0.7554	0.7556	0.7564	0.7621	0.7744	0.7676	0.7677
混合或固定效应(F 统计量)		157.67 ***	152.29 ***	151.37 ***	1444.11 ***	146.01 ***	146.11 ***	127.57 ***	131.56 ***
随机或混合效应(chi2 值)		1218.54 ***	1113.87 ***	1161.78 ***	1238.51 ***	1168.39 ***	1361.42 ***	1348.00 ***	1343.84 ***
固定或随机效应(Hausman 统计量)		23.12 ***	32.00 ***	38.46 ***	36.08 ***	40.75 ***	32.93 ***	25.23 ***	22.15 ***

注:模型1至模型8的形式均为固定。***、** 和 * 分别表示在1%、5%和10%的显著性水平下拒绝原假设。

从回归结果看,在混合效应或固定效应检验中,8个模型的 F 统计量都在1%显著性水平下拒绝原假设,因此均采用固定效应模型;在随机效应或混合效应中,8个模型的 chi2 值也都在1%显著性水平下拒绝原假设,因此均采用随机效应模型;在固定效应或随机效应检验中,8个模型的 Hausman 统计量也均在1%显著性水平下拒绝原假设,因此均采用固定效应模型。综上,8 个模型均采用固定效应模型进行分析。

从模型 1 到模型 4 的检验过程中,相应模型的组内 R^2 呈现上升趋势,表明模型的拟合优度逐步提升,且相关变量的系数符号也符合预期。而在模型 5 到模型 8 的检验过程中,增加的变量不仅系数符号不符合预期,且相关模型的组内 R^2 与模型 4 差别不大,因此,可以认为模型 4 的设定形式较为正确。

以模型 4 为确定的研究模型,就模型的序列相关性、截面相关性以及截面异方差性问题进行检验。检验结果表明,模型 4 同样存在序列相关性、截面相关性以及截面异方差性问题。检验结果如图 5-15、图 5-16、图 5-17所示。

面板数据自相关 Wooldridge 检验

H_0:模型不存在一阶自相关

$$F(1,30)=72.351$$

$$Prob > F=0.0000$$

图 5-15　模型 4 的 Wooldridge 检验

Pesaran 截面独立性检验 $=6.447$, Pr$=0.0000$

图 5-16　模型 4 的 Pesaran 检验

固定效应回归模型中异方差性的修正 Wald 检验

H_0: $sigma(i)^2 = sigma^2$ for all i

$$chi2(31)=16632.29$$

$$Prob > chi2 = 0.0000$$

图 5-17　模型 4 的修正 Wald 检验

由于样本数据时间跨度较短,序列相关性往往不是研究的重点,而截面数据中每个截面之间还可能存在内在的联系,截面相关性也是面板数据的一个特征。此外,由于样本数据截面 N 大于时期 T,因此在具体分析截面样本数据时应更注重模型的异方差性。对于截面数据的异方差性,Huber(1967)、Eicker(1967)和 White(1980)提出了在残差项是独立分布的条件下的异方差—稳健标准误矩阵估计。该方法首先在异方差情况下求出稳健标准误,随后利用异方差稳健标准误对回归系数进行 t 检验和 F 检验。如果检验结果是渐近有效的,那么模型可以结合使用稳健标准误进行回归。在 Stata 中,异方差—稳健标准误操作为在命令后加 robust 选项。模型 4 的异方差—稳健标准误矩阵估计结果如图 5-18 所示。

固定效应(组内)回归				样本数=372		
组变量:省(区、市)				组数=31		
组内 R^2=0.7564				每组观测值:最小值=12.0		
组间 R^2=0.2028				平均值=12.0		
整体 R^2=0.2711				最大值=12.0		
				$F(8,30)$=26.34		
corr(u_i, Xb)=−0.1242				Prob > F=0.0000		
R	系数	Robust 标准差	t 值	P 值	[95% 置信区间]	
agdp	0.1730796	0.0338501	5.11	0.000	0.1039485	0.2422107
agdp^2	−0.0080395	0.0019134	−4.20	0.000	−0.0119471	−0.0041318
employe	0.0485513	0.0243645	1.99	0.055	−0.0012076	0.0983102
employe^2	−0.003233	0.0019678	−1.64	0.111	−0.0072518	0.0007858
OFDIF	0.0004825	0.0002632	1.83	0.077	−0.000055	0.0010201
power	0.0155748	0.019297	0.81	0.426	−0.0238349	0.0549844
fdi	0.0002945	0.0041749	0.07	0.944	−0.0082319	0.0088208
iexport	0.0030091	0.0062704	0.48	0.635	−0.0097969	0.015815
_cons	−0.3690016	0.1557104	−2.37	0.024	−0.6870046	−0.0509986
sigma_u	0.05324307					
sigma_e	0.01170371					
rho	0.95390781					

图 5-18　模型 4 异方差—稳健标准误矩阵估计结果

由图 5-18 可知,模型 4 经过异方差—稳健标准误修正后,模型组内 R^2 没有变化,但相关变量系数的显著性水平却有所降低,因此,对模型 4 只进行异方差性修正的效果不理想。因此,有必要就模型的序列相关性、截面相关性以及截面异方差性一起修正。继续采用非参数协方差矩阵估计方法进行修正，修正结果如图 5-19 所示。

Driscoll 和 Kraay 标准误回归				样本数＝372		
方法:固定效应回归				组数＝31		
组变量:省(区、市)				$F(8,30)=4030.78$		
最大滞后阶数:2				$Prob > F=0.0000$		
				组内 $R^2=0.7564$		
			Driscoll/Kraay			
R	系数	标准差	t 值	P 值	[95％置信区间]	
agdp	0.1730796	0.0176779	9.79	0.000	0.1369765	0.2091827
agdp^2	−0.0080395	0.0007452	−10.79	0.000	−0.0095614	−0.0065176
employe	0.0485513	0.0100091	4.85	0.000	0.02811	0.0689926
employe^2	−0.003233	0.0005773	−5.60	0.000	−0.004412	−0.002054
OFDIF	0.0004825	0.0002047	2.36	0.025	0.0000644	0.0009007
power	0.0155748	0.0031058	5.01	0.000	0.0092319	0.0219117
fdi	0.0002945	0.0040746	0.07	0.943	−0.0080269	0.0086158
iexport	0.0030091	0.00593	0.51	0.616	−0.0091016	0.0151198
_cons	−0.3690016	0.0735517	−5.02	0.000	−0.5192143	−0.2187889

图 5-19　模型 4 的非参数协方差矩阵估计结果

由图 5-19 可知，模型 4 经过非参数协方差矩阵估计修正后，模型的组内 R^2 虽然没有变化，但相关变量系数的显著性水平却有所提高，标准误有所下降，因此可以认为模型得到了进一步优化。

5.3.3　模型结论

由模型 4 的最终回归结果可知，我国对外直接投资与产业结构升级水平具有统计显著的正相关关系，说明对外直接投资对我国产业结构升级起到了促进作用，且在 5％显著性水平下，促进作用显著。模型回归结果与使用地理探测器模型得出的结论一致。

此外，模型 4 的其他变量系数为正，说明经济发展水平、能源、资本、劳动力、国际贸易等因素都能促进我国产业结构升级水平的提高，且经济发展水平、能源、劳动力等因素的促进作用显著，而外商直接投资和进出口因素对我国产业结构升级的促进作用则不显著。

5.4 进一步分析

为进一步分析我国不同地区对外直接投资产业结构升级效应的差异性,这里应用 EViews 6.0 软件对我国 31 个省(区、市)①的对外直接投资和产业结构升级水平的关系进行检验。为简化模型,突出本研究的研究重点,模型自变量只选取对外直接投资存量这一自变量,重新构建如下线性回归模型:

$$\ln R_{i,t} = \alpha_i + \beta_i \ln OFDIS_{i,t} + \varepsilon_{i,t} \tag{5-8}$$

模型(5-8)中非金融类对外直接投资存量数据为自变量,产业结构升级水平为因变量,依然选取 2003—2014 年我国 31 个省(区、市)的产业结构层次系数 R、非金融类对外直接投资存量的面板数据。

5.4.1 面板数据单位根检验

为避免出现伪回归,在回归分析中首先需要对时间序列进行平稳性检验,以确定经济变量之间是否存在长期均衡关系。

为确保估计结果的无偏性、有效性和最优性,本研究采用常用的 LLC、IPS、ADF-Fisher 和 PP-Fisher 等检验方法对面板数据进行单位根检验。根据序列图确定产业结构层次系数 R 包含截距项和时间趋势项,对外直接投资存量 OFDIS 包含截距项,依据 Schwarz 准则自动确定滞后阶数。经检验,在 1% 的显著性水平下,$\ln R$ 和 $\ln OFDIS$ 为非平稳序列,经一阶差分后,$D\ln R$ 和 $D\ln OFDIS$(D 为一阶差分项)为平稳序列,均为一阶单整变量,因此可以就变量 R 和 OFDIS 进行协整检验,模型回归结果不会出现伪回归现象。检验结果如表 5-8 所示。

---

① 由于数据可得性问题,没有将港澳台地区纳入研究对象中。

表5-8 模型(5-8)的单位根检验结果

变量	LLC 检验		IPS 检验		ADF-Fisher 检验		PP-Fisher 检验	
	统计量	Prob	统计量	Prob	统计量	Prob	统计量	Prob
lnR	−18.7550	0.0000***	−4.17997	0.0000***	104.779	0.0006***	107.792	0.0003***
DlnR	−15.80251	0.0000***	−5.64329	0.0000***	178.887	0.0000***	343.936	0.0000***
ln OFDIS	−8.56781	0.0000***	0.46018	0.6773	77.7971	0.0850*	152.448	0.0000***
DlnOFDIS	−30.4096	0.0000***	−12.8326	0.0000***	192.717	0.0000***	233.305	0.0000***

注:***、**和*分别表示在1%、5%和10%的显著性水平下拒绝原假设。

5.4.2 实证结果分析

如前文所述,在模型筛选过程中,本研究采用固定效应模型进行研究分析,但固定效应模型有截距和系数相同的混合回归模型,截距不同、系数相同的固定效应变截距模型,以及截距和系数都不同的固定效应变系数模型。假定31个省(区、市)的产业结构基础存在差异,对外直接投资对产业结构升级的影响也不同,则采用固定效应变系数模型对这31个省(区、市)的对外直接投资和产业结构升级水平的关系进行检验。为避免随机误差项存在截面异方差和同期相关问题,本研究在具体计算参数协方差时采用截面加权的 SUR 方法。此外,为了最大限度地克服随机误差项存在的截面异方差和同期相关问题,本研究采用 White 截面方法计算系数协方差,实证检验结果如表5-9所示。模型(5-8)的调整 R^2 为0.9168,表明该模型拟合程度较高。DW 统计量为1.7586,较接近2,表明模型不存在一阶序列相关。

表 5-9 模型 (5-8) 实证检验结果

截距及省（区、市）	系数	t值	Prob	固定效应（截面）	截距及省（区、市）	系数	t值	Prob	固定效应（截面）
截距	-0.186149	-28.373650	0.0000	—	河南	0.008206	1.711250	0.0882	-0.057587
北京	0.002372	1.976061	0.0492	0.145456	湖北	0.006626	2.969794	0.0032	-0.029618
天津	0.002125	1.972687	0.0496	0.144138	湖南	0.008661	2.699164	0.0074	-0.081175
河北	0.001132	0.454488	0.6498	0.034156	广东	0.005532	2.219632	0.0273	0.054076
山西	0.002254	0.762288	0.4466	0.101733	广西	0.017084	3.659691	0.0003	-0.194942
内蒙古	0.012329	2.220943	0.0272	-0.057136	海南	0.025674	3.435815	0.0058	-0.345304
辽宁	0.003577	2.364022	0.0188	0.045581	四川	0.012301	2.201146	0.0286	-0.125756
吉林	0.013781	2.671170	0.0080	-0.108407	贵州	0.012525	2.543195	0.0115	-0.070314
黑龙江	-0.009992	-2.283849	0.0232	0.153527	云南	0.005920	2.307713	0.0218	-0.065894
上海	0.001252	2.094552	0.0371	0.162193	西藏	0.029281	2.569892	0.0107	-0.135302
江苏	0.002810	1.836832	0.0673	0.081919	重庆	0.006800	1.193775	0.2336	0.004477
浙江	0.003120	2.176318	0.0304	0.093397	陕西	0.004792	2.946793	0.0035	0.028751
安徽	0.009919	2.854788	0.0046	-0.078628	甘肃	0.004348	1.857066	0.0644	-0.017434
福建	0.009361	2.663348	0.0082	-0.030202	青海	0.004791	1.987694	0.0479	0.045552
江西	0.012049	2.622177	0.0092	-0.080666	宁夏	0.003034	1.024635	0.3065	0.054871
山东	0.004774	2.470867	0.0141	0.027390	新疆	0.002899	0.895984	0.3711	-0.044156

由表5-9知：①除内蒙古外，华北主要地区（北京、天津、河北、山西）的截距项的固定效应值均为正，说明这些地区的产业结构基础优于全国平均水平。广东、重庆以及部分华东地区（上海、浙江、江苏、山东）、部分东北地区（辽宁、黑龙江）以及部分西北地区（宁夏、青海、陕西）的截距项的固定效应值均为正，说明这些地区的产业结构基础也优于全国平均水平。除广东外的大部分中南地区（海南、广西、湖南、湖北、河南）以及除重庆外的西南地区（西藏、四川、贵州、云南）的截距项的固定效应值均为负，说明这些地区的产业结构基础低于全国平均水平。部分华东地区（安徽、福建、江西）、部分西北地区（新疆、甘肃）以及内蒙古、吉林等省（区、市）的截距项的固定效应值均为负，说明这些地区的产业结构基础也低于全国平均水平。②黑龙江的系数为负，说明黑龙江的对外直接投资对产业结构升级起抑制作用，在5%显著性水平下，抑制作用明显。③除黑龙江以外，其他30个省（区、市）的系数均为正，说明这些地区的对外直接投资的产业结构升级效应为正。在5%显著水平下，我国部分区域如华北地区的内蒙古、北京、天津，东北地区的吉林、辽宁，华东地区的山东、江西、上海、浙江、安徽、福建，中南地区的湖南、湖北、广西、广东、海南，西南地区的贵州、四川、西藏、云南以及西北地区的青海、陕西等22个省（区、市）的促进作用显著。④西藏、四川、重庆、贵州等西南地区以及海南、广西、湖南、河南等中南地区系数值排名位于前列，说明这些地区对外直接投资对产业结构升级的促进效应相对较大。上海、天津、北京、江苏等地区以及新疆、宁夏、甘肃、青海、陕西等西北地区系数值排名位于后列，说明这些地区对外直接投资对产业结构升级的促进效应相对较小。

5.4.3 面板模型检验

本研究采用协方差分析对实证检验结果进行检验。在检验过程中，引入如下两个假设：

假设 H_0：模型(5-9)为变截距模型，该模型假设我国不同省（区、市）的对外直接投资促进产业结构升级的作用没有差异，但产业结构基础不同。因此，该模型中不同省（区、市）的解释变量系数是一致的，而截距项则存在差异。

$$\ln R_{i,t} = \alpha_i + \beta\ln \text{OFDIS}_{i,t} + \varepsilon_{i,t} \tag{5-9}$$

假设 H_1：模型(5-10)为混合回归模型，该模型假设我国不同省(区、市)的对外直接投资促进产业结构升级的作用和产业结构基础都不存在差异。因此，该模型中截距项和解释变量系数对于所有截面成员都没有区别。

$$\ln R_{i,t} = \alpha + \beta\ln \text{OFDIS}_{i,t} + \varepsilon_{i,t} \tag{5-10}$$

模型形式检验有如下两个 F 统计检验量：

$$F_1 = \frac{(S_2 - S_1)/[(N-1)K]}{S_1/[NT - N(K+1)]} \sim F[(N-1)K, NT - N(K+1)]$$
$$\tag{5-11}$$

$$F_2 = \frac{(S_3 - S_1)/[(N-1)(K+1)]}{S_1/[NT - N(K+1)]} \sim F[(N-1)(K+1), NT - N(K+1)]$$
$$\tag{5-12}$$

式中，K 为模型中除常数外的自变量个数，T 为样本时间序列期数，N 为样本中不同的观察成员数量，S 为相应模型的回归残差平方和。具体检验结果如表 5-10 所示。

表 5-10 模型(5-10)协方差分析检验

F_2 值	检验结果	F_1 值	检验结果
21.97343	$F_2 >$ 临界值,拒绝 H_1	4.83158	$F_1 >$ 临界值,拒绝 H_0

从表 5-10 可知，在 5% 显著性检验水平下，F_2 值和 F_1 值都大于相应的临界值 $F_2(0.95,60,279) = 1.36680$、$F_1(0.95,30,279) = 1.50019$，故拒绝 H_1、H_0，采用固定效应变系数模型是比较适合的。

5.4.4 协整检验

协整是指两个变量之间存在着长期稳定的比例关系，如果两个变量之间都是同阶单整，那么意味着这些变量之间存在长期均衡关系。检验变量之间是否存在协整关系的常用方法是恩格尔—格兰杰两步法。

两个变量的恩格尔—格兰杰两步法的主要步骤如下：第一步，如果两个变量是同阶单整的，则用普通最小二乘法估计长期均衡方程，保存残差，生成均衡误差的估计值。第二步，检验残差的平稳性。如果残差项是平稳的，则说明两个变量间是协整的，变量之间存在长期均衡关系；

如果残差项是非平稳的,则说明两个变量间不是协整的,变量之间不存在长期均衡关系(孙敬水,2010)。

由于产业结构升级水平和非金融类对外直接投资存量是同阶单整的,所以两者可以进行协整检验。本研究采用恩格尔—格兰杰两步法,并利用 LLC、IPS、ADF-Fisher 和 PP-Fisher 等方法对变量是否存在协整关系进行检验。对上一步回归的残差序列进行平稳性检验,检验结果如表 5-11 所示。

表 5-11　模型(5-10)的协整检验结果

检验方法	统计量	Prob
LLC 检验	−16.6821	0.0000***
IPS 检验	−15.2477	0.0000***
ADF-Fisher 检验	292.604	0.0000***
PP-Fisher 检验	266.002	0.0000***

注:*** 表示在 1% 的显著性水平下拒绝原假设。

从表 5-11 可知,在 1% 显著性检验水平下,固定效应变系数模型显著通过了 LLC 检验、IPS 检验、ADF-Fisher 检验和 PP-Fisher 检验,可以认为固定效应变系数模型的残差序列是平稳的,故我国产业结构层次系数与对外直接投资存在协整关系。

5.5　小结

本部分借助 Stata、EViews 等传统计量分析工具,运用地理探测器模型这一空间分析方法,结合钱纳里标准模型,从不同视角分析了我国对外直接投资与产业结构升级水平的内在联系,得到以下结论:

第一,通过实证研究发现,我国对外直接投资对产业结构升级水平具有很高的影响力,对外直接投资是影响我国产业结构升级水平的主要因素之一,两者存在高度的相关性。我国对外直接投资与产业结构升级水平具有统计显著的正相关关系,对外直接投资对我国产业结构升级起到了显著的促进作用。

第二,我国产业结构升级水平还受到能源、资本、劳动力、消费水平、技术进步、国际贸易、经济发展水平等多因素的影响,且不同时期、不同因素对产业结构升级水平的影响力存在差异。通过研究进一步发现,经济发展水平、能源、资本、劳动力、国际贸易等因素都能促进我国产业结构升级水平的提升,且经济发展水平、能源、劳动力等因素的促进作用明显,而外商直接投资和进出口因素对我国产业结构升级的促进作用不显著。

第三,我国不同地区的产业结构基础以及对外直接投资对产业结构升级水平的促进效果存在差异。总体而言,我国华北地区和华东地区的产业结构基础优于中南地区和西南地区;我国西南地区和中南地区对外直接投资对产业结构升级的促进作用相对较大,而西北地区对外直接投资对产业结构升级的促进作用则相对较小。

6 主要结论和政策建议

6.1 主要结论

关于对外直接投资的产业结构升级效应,国内外学者开展了大量富有成效的研究,大多数学者主要从作用机理、升级效应等方面研究对外直接投资与产业结构升级的关系。现有的研究和理论成果主要集中在产业结构升级的界定和测度方法、评价模型,以及对外直接投资与产业结构升级的区位和产业选择、机理关联、升级效应等方面,因在分析产业结构升级水平的影响因素时大多学者采用传统的计量经济分析理论,因此得出的结论也不同。本研究梳理了相关文献,在回顾对外直接投资发展历程的基础上,就我国对外直接投资的主要特征做了分析,借助空间分析方法研究了我国产业结构升级水平的时空格局演化特征,从理论和实证两个角度分析了对外直接投资对产业结构升级的影响机制和升级效应。

自"走出去"战略提出以来,我国对外直接投资发展迅猛。通过对外直接投资,企业获得了先进技术或研发平台、资源和能源、品牌价值优势以及市场和营销渠道优势等,从而通过不同产业之间、不同行业之间以及行业内部联动的产业转移、产业关联、产业竞争等效应,实现产业结构优化升级。本研究以 2002—2014 年我国省(区、市)面板数据为研究样本,以产业结构升级水平为研究对象,运用空间自相关分析的方法,分析了我国产业结构升级水平的时空格局演化特征,同时运用传统计量工具

和地理探测器模型,从传统视角和空间视角就我国对外直接投资与产业结构升级水平进行了分析,并得到以下结论:

第一,我国对外直接投资近年来发展迅猛,但与其他国家相比,在利用外资、GDP 规模等方面还存在较大的差距,对外直接投资数量不断扩大,但规模仍然相对较小;投资效益不断提升,但总体水平仍然较低,实力也较弱;投资地区分布广泛,主要集中在亚洲、拉丁美洲、欧洲等的发达国家或地区,在某些区域的投资集中度较高;投资行业相对集中,部分行业集中度较高,主要集中在租赁和商务服务业、批发和零售业、金融业、采矿业、制造业及交通运输、仓储和邮政业等;投资方式多样,以跨国并购为主,且跨国并购已经成为我国对外直接投资的新亮点;投资主体多元,以国有企业为主。虽然近年来我国国有企业的对外直接投资比例有所下降,但投资的主体地位依然没有动摇。

第二,我国产业结构升级水平呈现阶梯式增长态势。2002—2014年,我国产业结构升级水平经历了过渡期、高速发展期和增长趋稳期三个阶段,总体呈现增长趋稳的态势。由于受到国际金融危机影响,2008年我国产业结构升级水平增速放缓。2011年,我国产业结构升级水平达到最高值。由于受到全球经济复苏趋缓、欧洲主权债务危机持续升级等因素影响,2012年我国产业结构升级水平略有下降。面对宏观经济下行压力加大的严峻挑战,我国政府采取了一系列稳增长、促改革、调结构、惠民生的改革措施,促进了产业结构升级水平的提升,2014年我国产业结构升级水平达到历史最高值。可见,我国产业结构升级水平的阶梯式的增长态势与国际国内环境有着密切联系。

第三,我国不同区域产业结构升级水平存在差异且差异趋于均衡。2002—2014年,我国区域产业结构升级水平总体呈现"东高西低、北高南低"的特点,不同地区间增幅差异较大。除个别区域外,其他区域的产业结构升级水平增幅明显。四川、西藏、广西、湖南等中西部地区的产业结构升级水平增长较快,后发优势显著;北京、天津、上海、浙江、广东等地区的产业结构升级水平增速明显下滑,先发优势降低。此外,西部内陆地区与东部沿海地区的产业结构升级水平差距不断缩小,区域间产业结构升级水平趋向均衡。

第四,我国各地区产业结构升级水平存在显著的空间正相关性。从空间布局来看,我国产业结构升级高水平地区集中在东部沿海一带,并呈现"东扩南进"的发展格局。北京、天津和上海三个地区一直处于"领头羊"的位置,对周边省份的辐射作用也较为明显。

第五,我国产业结构升级水平核心区域逐渐显现。云南、广西、贵州、西藏等地区的产业结构升级水平一直处于较低水平,对周边区域的负辐射效应较强;在京津冀地区,河北的产业结构升级水平较低,与周边地区如北京、天津等的空间差异较大;在西部地区,青海的产业结构升级水平较高,与周边地区如新疆、西藏、甘肃等的空间差异也较大;在东部地区,作为我国产业结构升级水平渐趋稳定的高高集聚区域,江苏、上海的产业结构升级水平一直处于较高水平,对周边区域的正辐射效应较强,已经成为我国产业结构升级水平的核心区域。

第六,基于投资动机的微观视角以及投资机理的宏观视角,本研究通过梳理对外直接投资对产业结构升级的影响机制后发现,在微观方面,资本输出国企业通过对外直接投资可以获取国外先进技术或研发平台、资源和能源、品牌价值优势以及市场和营销渠道优势等,从而根据一定的传导机制来促进投资国产业结构的优化升级。在宏观方面,对外直接投资促进产业结构优化升级主要是借助不同产业之间、不同行业之间以及行业内部联动三个层面的产业转移、产业关联、产业竞争等投资效应来实现的。企业对外直接投资的微观利益可以和国家的宏观经济发展目标密切结合,因此从理论上来说一国的对外直接投资可以成为促进产业结构水平提升、促进经济健康发展的有效途径之一。

第七,我国对外直接投资对产业结构升级水平具有很高的影响力。对外直接投资作为影响产业结构升级水平的主要因素之一,其与产业结构升级水平存在高度的相关性。在构建计量模型的基础上,通过实证分析进一步发现,我国的对外直接投资与产业结构升级水平具有统计显著的正相关关系,我国对外直接投资促进了产业结构的优化升级。

第八,我国不同地区的产业结构基础以及对外直接投资对产业结构升级水平的促进效果存在差异。华北主要地区(北京、天津、河北、山西)、部分华东地区(上海、浙江、江苏、山东)、部分东北地区(辽宁、黑龙江)、部分西北地区(宁夏、青海、陕西)以及广东、重庆的产业结构基础优于全国平均水平。大部分中南地区(海南、广西、湖南、湖北、河南)、部分西南地区(西藏、四川、贵州、云南)、部分华东地区(安徽、福建、江西)、部分西北地区(新疆、甘肃)以及内蒙古、吉林等的产业结构基础低于全国平均水平。黑龙江的对外直接投资对产业结构升级起显著的抑制作用，所选取的其他30个省(区、市)的对外直接投资对产业结构升级都起促进作用。其中，西藏、四川、重庆、贵州等西南地区以及海南、广西、湖南、河南等中南地区对外直接投资对产业结构升级的促进效果相对较大。上海、天津、北京、江苏等地区以及新疆、宁夏、甘肃、青海、陕西等西北地区对外直接投资对产业结构升级的促进效果相对较小。

第九，我国产业结构升级水平还受到经济发展水平、能源、资本、劳动力、消费水平、技术进步、国际贸易等因素的影响，且不同时期、不同要素对产业结构升级水平的影响力存在差异。通过研究进一步发现，经济发展水平、能源、劳动力等因素对我国产业结构升级的促进作用显著，而外商直接投资和进出口因素对我国产业结构升级的促进作用则不显著。

6.2 政策建议

"走出去"战略不仅是我国参与国际经济竞争与合作的重要途径，更是我国发展外向型经济的必然选择。作为实施"走出去"战略的重要途径之一，对外直接投资有利于我国企业充分利用外部资源，积极拓展国际市场，吸收国外先进技术，提高自主创新能力，实现资源优化配置，促进国内产业结构升级。

6.2.1 政府宏观层面

"走出去"战略是经济全球化进程的客观要求，是我国参与国际经济合作的必然选择，是一项长期的对外开放战略，与国家的工业化发展战略密切相关。实施"走出去"战略是推动我国产业结构转型升级、扩大利用外部资源、拓展国际市场、提高竞争力的重大战略举措。

6.2.1.1　统一思想,转变观念,进一步明确"走出去"战略的重要性和紧迫性

实施"走出去"战略是经济全球化进程的客观要求,是我国参与国际经济合作的必然选择,是一项长期的对外开放战略。因此,各级政府和部门应统一思想认识,进一步明确加快实施"走出去"战略是推动产业转型升级、扩大利用外部资源、拓展国际市场、提高国际竞争力的重大战略举措,纠正"走出去"会导致地方产业空心化、税收流失、就业水平下降等给地方经济发展带来负面影响的片面认识。政府各级职能部门要转变原有的"重引资,轻投资""重商品出口,轻资本输出"的观念,坚决杜绝"口号上重视,行动上忽视"的工作作风,切实做好各项落地措施,积极扶持企业"走出去"参与全球竞争,鼓励具有比较优势的企业、行业积极对外投资,为经济结构的调整、产业升级改造的转变提供良好的机会。地方政府要不断转变政府职能,充分发挥政府的协调、引导作用,根据所在地区产业基础,结合产业发展的水平和特点,制定相应的产业发展规划和产业政策,有条不紊地推动产业结构转型升级。政府要全面协调创新发展的各方面工作,发挥各有关部门的合力,以解决企业"走出去"过程中遇到的重大问题。

6.2.1.2　立足国内,放眼全球,积极引导企业兼顾国际国内两个市场

一是进一步加大对外直接投资,积极鼓励企业以对外直接投资的方式参与全球竞争。我国各级政府要积极扶持企业参与全球竞争,广泛利用外部市场和资源来推动我国产业结构优化升级,鼓励在技术、资金方面具有较大比较优势的企业积极进行对外投资,转移国内过剩的适用技术生产力,为经济结构的调整、产业结构转型升级创造条件。通过将国内过剩产能转移到其他广大发展中国家和部分发达国家,既优化国内资源配置,又扩大出口,增加创收,从而促进国内产业结构转型升级。与此同时,通过对拥有核心技术、广阔的销售渠道的发达国家进行投资,既能系统掌握国外的先进技术和管理经验,提高生产效率,提升产品质量,增强核心竞争力,又能建立、拓展国内新兴产业部门,创造新的经济增长点,从而促进国内产业结构优化升级。

二是积极引导企业对外投资的同时关注国内市场。我国政府部门

也要积极引导企业不要盲目"走出去",要在立足国内市场、站稳脚跟的基础上,通过自身过硬的技术力量、品牌效应、管理团队、资本实力等,参与国际竞争。在促进我国产业结构升级过程中要整合资源,挖掘潜力,优化产业和区域发展布局,突破产业发展瓶颈,强化先发优势,继续发挥西南地区和中南地区的对外直接投资对产业结构升级的引领作用。要充分考虑不同地区的产业基础差异,坚持统筹协调,在政策导向上向中西部地区倾斜,鼓励和扶持中西部地区经济创新转型发展,打造产业结构升级新的增长极。与此同时,东部地区也应充分挖掘潜力,利用政策调控手段,积极鼓励企业进行对外投资,促进产业结构优化。特别要加大对服务贸易的政策扶持力度,推动需求结构与出口贸易结构的动态调整,促进服务业规模的扩大和内部产业结构的优化。

6.2.1.3 积极建立对外直接投资的促进体系,加大支持力度

一是加大财政补贴优惠力度。按照"平等准入、公平待遇、加强支持、改善服务、积极引导"的方针,扩大对已有优惠政策的宣传力度,适当降低准入门槛,鼓励和扶持企业创新转型发展。在借鉴发达国家对外投资的促进和管理经验的基础上,加快和完善对我国企业对外直接投资的财政支持、扶持力度。完善、落实对企业在对外投资过程中聘请专业律师、资信调查等中介服务的补贴政策。整合财政部、科技部、商务部、国家发改委等部门的相关扶持资金,形成合力,重点扶持石化产业、汽车及零部件产业、纺织服装产业、电工电器产业等传统优势产业以及资源类、高科技及拥有知名品牌等企业的对外投资项目,在增强政府财政补贴针对性和有效性的基础上,兼顾操作简便性。通过政府补贴等手段,降低企业融资成本和投资金融风险。

二是加强信贷、融资扶持力度。推进金融创新,加大对外投资合作项目的信贷支持力度。探索运用股权、对外资产等作为抵(质)押进行融资的方式;加快中小民营企业的上市步伐,重点推动中小民营企业上市融资;灵活运用中小企业板上市、海外上市、借壳上市等多种方式,引导和鼓励我国企业通过资本市场直接融资。设立对外投资专项基金,重点支持中小民营企业对外投资项目。基金可由主权基金如中投公司出资或由相关政府部门设立,委托专业机构管理,对对外投资企业给予相应

的资金支持。

6.2.1.4　进一步完善对外直接投资的服务体系，强化政府服务功能

一是优化对外投资事项的审批。由于政府对国内企业实施对外投资的相关审批程序十分复杂，费时费力，在当前国际市场剧烈动荡、机遇转瞬即逝的情况下，会失去许多投资时机。因此，政府部门应尽量简化审批事项，缩短业务流程，提高审批效率。特别是对于有时间要求的境外投资申请和中小企业的对外投资项目，各级政府和相关部门要采取依法特事特办、快办的方式提高审批时效性。

二是建立和完善对外投资的情报信息服务体系。政府有关部门要及时分析区域经济发展的态势，积极跟踪不同国家、不同地区的投资和产业发展政策，紧密联系国内产业发展现状，结合各地实际，对《对外投资国别产业导向目录（一）》不断充实完善，及时更新。在对外投资过程中，政府可参照发达国家的做法，成立对外投资促进机构，为企业对外投资提供国外政治、经济、法律、社会风俗、市场、产品和行业等方面的信息；建立企业对外投资意向信息库并及时更新，选择投资环境较好的国家或地区尤其是我国已有广泛投资的国家或地区，积极跟踪其投资和产业发展政策，利用各类对外投资洽谈会等平台，有针对性地安排中外企业对接和项目对接，进一步提高实际效果；加强政府与企业的沟通联系，进一步提高实际效果，适时举办推介会、培训班，扩大企业参与面，为有意向的企业包括有实力的企业提供充足的信息，帮助企业抱团出击。

6.2.1.5　进一步完善对外投资的监管体系，促进其稳步发展

对外投资的监管体系应包括事前审批管理和事后监管两个方面的内容。在事前审批管理方面，虽然我国已经建立了相应的对外投资审批权限，但仍然存在部门多、手续繁、效率低、周期长的现象，总体来看运作效率不高。因此，应尽快根据当前的经济发展形势，完善现有的审批制度，特别是根据不同金额的投资项目设定相应的审批限期，为广大投资企业提供优质、便捷、高效的服务。在事后监管方面，应建立全面、翔实的投资企业数据库，利用大数据加强在税收、外汇等方面的监管力度。与此同时，对不同类型的对外投资企业实行分类管理，严格实施年审制

度,加大对不进行年审的企业的处罚力度。

6.2.2 行业协会、服务中介等中观层面

专业的行业协会、服务中介等第三方机构可以为我国对外投资企业提供投资所在地区的政治、经济、社会环境、产业政策、市场信息等方面的咨询服务。通过帮助投资企业进行可行性报告与评估,代办对外投资手续,提供劳务纠纷、权益保护等涉外法律服务等,提高企业对外投资的成功率。因此,加快为企业提供对外投资信息的行业协会和中介机构至关重要。

6.2.2.1 充分发挥协会、网络平台的协调服务作用

我国各级政府要充分发挥所在地区行业协会、相关国外投资与合作交流协会、在外联谊组织等联系政府、服务企业、促进行业自律的协调服务功能,利用对外投资合作信息平台、合作交流平台、经济合作网络平台搜集投资信息,主动帮助企业寻找合作方式、选择投资方向、规避政治及政策风险、避免恶性竞争等。向投资企业推荐有经验的专业从事对外投资咨询业务的律师及会计师团队,提供法律、财务经验支持以及配套服务。

6.2.2.2 积极引导建设专业中介服务机构

大力引进国际性的财务、法律、信誉调查等专业机构,扶持本土的相关社会服务组织转型升级,积极培养、储备国内能够承接对外投资咨询业务的律师、会计师和咨询师等专业人才。一方面要制定政策大力吸引熟悉国外相关投资政策、流程操作、风险规避等专业知识的留学人员,组建专门的服务机构;另一方面加强对熟悉国外相关法律、税收政策的律师和会计师的培养。出台有利于涉外律师队伍和涉外注册会计师队伍建设的优惠政策,支持对外投资专业律师事务所和会计师事务所的组建。通过组建重点开拓和发展的对外市场中介服务机构,向对外投资企业提供投资所在国的政治、经济、社会环境、产业政策、市场信息等方面的咨询服务,帮助企业进行可行性研究与评估,选准项目,提高成功率,代办有关境外投资手续和涉外法律服务。

6.2.3　企业微观层面

企业作为我国对外直接投资的主体,其自身发展成为对外直接投资的关键。企业只有具备较好的发展基础、较强的实力、较高的管理水平,并有良好的制度保障,在对外投资过程中,具备正确、适当的投资战略,才能确保投资项目成功,从而通过获取国外先进技术或研发平台、海外资源和能源、品牌价值优势以及市场和营销渠道优势等,带动相关行业和产业的发展,促进国内产业结构升级。当前,我国对外直接投资以国有企业为主,民营企业对外直接投资所占比重仍然较低。但近年来,随着我国民营企业对外直接投资步伐不断加快,在对外投资过程中所起的作用不断显现。我国民营企业由于规模较小、资本实力较弱、管理水平较低,与发达国家的企业相比竞争优势不明显,而国有企业由于受体制机制因素的影响,其对外直接投资整体绩效较差。因此,在对外投资过程中,企业特别是民营企业只有苦练内功,提高自身综合素质,提高竞争力,才能在全球经济竞争不断加剧的格局中占有一席之地。

6.2.3.1　加强企业家全球化战略思维的培养

虽然我国企业历史上有勇于"走出去"的精神和优良传统,但存在企业家缺少全球化战略思维,企业管理缺乏国际化经营战略的现象。这一现象在民营企业中较为普遍。民营企业产权不明晰,所有权和经营权没有明确的分离界限,对外投资决策往往存在片面性和缺乏科学性。企业在对外投资过程中缺乏科学合理的战略规划指导,致使对外投资达不到预期效果。在企业对外投资过程中,企业家是否有全球化战略思维决定了企业对外投资的动机,促进企业对外投资必须加强对企业家的全球化战略思维的培养。企业管理人员要积极参加政府组织的各种企业家培训班,充分利用对外投资说明会、对外经济开发园区招商洽谈会、对外投资经验交流会、经济形势报告会等活动,开拓视野,培养全球化思维,提高企业战略管理水平。

6.2.3.2　提升企业管理人才素质

注重引进、培养和使用三个环节,建立和完善人才激励机制,为企业实施对外投资战略提供强有力的人才支撑和智力支持。首先,建立和完善国际人才交流平台,畅通人才引进绿色通道,鼓励投资企业以高层次、复合型、创新性、紧缺性为重点,以岗位聘用、项目聘用、任务聘用和人才租赁等方式加大对对外投资人才的引进力度;其次,盘活企业现有人才存量,以能力建设为核心,加大对现有人才队伍的培训力度,与国内外知名高校、研究机构、专业培训机构建立长期合作关系,建立人才培养基地,提高自身整体素质;最后,加快人才配置平台建设,建立以能力和业绩为核心的经营管理人才评价考核体系,创新激励制度,提高人才使用效益。

6.2.3.3 增强创新能力,打造品牌

一是加大技术创新,打造企业核心竞争力。创新要素、提高科技实力、开发自主品牌、自主研发核心技术是我国企业走出国门、走向世界的基础抓手。企业在国际化经营过程中,始终要坚持以品牌建设为核心,以技术创新为手段,不断增强企业的国际竞争力。一方面,企业要加强技术投入和成果转化,搭建产学研合作平台,不断增强自主研发能力,积累技术创新优势;另一方面,企业要整合内部资源,通过技术创新和制度创新提高企业经营管理水平,提高企业的生产能力和效率,通过更新设备、改进工艺、开发新产品等多种途径提升产品质量,不断推动企业流程与产品升级。企业要在尽可能短的时间内,从全球产业价值链的低端向价值链高端地位攀升,通过产品创新、技术创新、管理创新等连续性创新过程开发自主知识产权的核心技术,全面提升产品质量,以技术创品牌。

二是整合重组区域品牌,打造国内外著名品牌。基于国内中小企业贴牌生产多、自主品牌影响力弱的特点,整合重组国内企业区域品牌,其目标是将品牌形象分散、品牌涵盖性低的品牌结构打造成形象统一、涵盖性高的金字塔式品牌结构,即打造区域重点企业或企业集群的旗帜品牌,如同行业统一品牌、若干企业联合品牌等,将更多的资源投向旗帜品牌建设,保证整个品牌家族有一个统一的形象,并将现有的成功品牌扩展到新的产品或新的市场中。

6.2.3.4 注重投资风险控制和区位选择

投资风险是指由于投资未来收益存在不确定性,造成未来收益和预

期收益之间的偏差或变动。投资风险是客观存在的,只要存在投资行为,就有投资风险产生的可能,其不仅贯穿企业对外投资的整个过程,还会延伸至投资后的整合。由于涉及财政、税收、产业保护等地方保护主义,企业在实施对外投资过程中往往面临较多的行政壁垒。企业在对外投资过程中存在不同阶段的风险,按实施过程进行分类,可以分为投资策划阶段的风险、投资实施阶段的风险和投资整合阶段的风险。不同阶段有不同形式的风险,如政治风险、法律风险、财务风险、文化整合风险等。

一要高度重视对外投资前的尽职调查,做好可行性分析。企业在进行对外直接投资前,要对企业资金能力、融资能力、经营管理能力以及技术优势等自身状况做详细评估,对东道国的社会文化、政治经济等情况,投资行业的市场结构和规模、市场竞争状况等做详细调查;在投资过程中,要建立和完善信息网络,通过各种渠道在海外子公司和各分支机构之间及时交换信息,不断完善风险管理在实际中的作用;投资后,采取当地化战略防范投资后会出现的经营、管理以及文化整合风险。

二要选择适合企业自身发展的区位。区位作为企业行使生产和经营职能的外部条件,其不断变化会给企业在国外的投资带来风险,企业只有结合资源、技术利用的效率性、合理性,选择适合企业自身发展的投资区位,才能最大限度地降低投资风险。当前,我国企业在对外投资过程中主要面临的区位分为三种类型:第一类投资区位主要分布在欧洲、北美地区,这些地区拥有较多成熟的品牌,其品牌效应强在国际市场有比较稳定的消费群体,具有较大的影响力;第二类投资区位主要分布在亚太发达地区、欧洲地区、北美地区,这些地区的技术密集型产业较为集中,拥有世界领先的专利技术、高端技术人才和先进的管理理念;第三类投资区位主要分布在资源能源丰富的澳洲地区、非洲地区以及东南亚地区。我国企业在对外投资过程中,应结合投资的主要目的选择相应区位进行对外直接投资。

6.3 研究局限与研究展望

6.3.1 研究局限

(1)研究数据方面的局限。由于统计资料相对缺乏,在研究对外直接投资的产业结构升级效应时采用的是宏观和中观层面的面板数据,缺少从企业角度统计的微观层面数据,因此难以从微观层面就对外直接投资对产业结构升级的具体影响展开更为深入的研究。此外,在研究当前我国对外直接投资规模和投资效益时,采用的是联合国贸易和发展会议数据库的相关数据,虽然这些数据较为准确,且统计口径一致,便于进行横向比较,但缺点是时间较为滞后,资料也不够详细,因此难以掌握当前我国对外直接投资在国际范围内的最新发展态势。

(2)研究方法方面的局限。由于中国对外直接投资的研究仍然处于起步阶段,可资借鉴的文献较少。本研究从宏观和微观两个角度分析了对外直接投资影响产业结构升级的内在机理,借助地理探测器模型和传统计量模型分析了近年来我国产业结构的时空格局演化情况,着重分析了我国对外直接投资的产业结构升级效应。由于产业结构升级水平的影响因素较多,对外直接投资和其他影响因素之间可能存在不同程度的内在联系,且对外直接投资的产业结构升级效应在时间上具有滞后性,虽然本研究在计量模型中引入了投资流量和投资存量两个变量以进行一定的弥补,但难免存在不足,有待进一步完善。

6.3.2 研究展望

本研究以对外直接投资和产业结构升级水平为研究对象,分析了我国对外直接投资的发展现状和产业结构升级水平的时空格局演化特征,借助空间模型和计量模型详细分析了两者之间的内在联系,得出了一些有意义的结论,但鉴于研究数据和研究方法的客观限制,在今后研究中可以从以下几个方面展开深入研究:

(1)扩大研究数据。围绕现有的研究基础,继续跟踪对外直接投资的产业结构升级效应这一课题,深入搜集企业层面的微观数据,时刻关注课题研究的最新发展态势。

（2）更新研究方法。关注当前研究领域的最新研究方法，借鉴空间计量等进一步完善研究模型。

（3）拓展研究深度。进一步厘清产业结构升级水平的影响因素，深入研究对外直接投资的产业结构升级效应的微观和宏观传导机制，以及两者的内在联系。

（4）拓宽研究范围。进一步分析中国对外直接投资的其他经济效应，如对经济增长、技术进步、人口就业等多方面的影响展开研究。

参考文献

［1］Advincula R V. Foreign direct investments, competitiveness, and industrial upgrading: The case of the republic of Korea［D］. KDI School of Public Policy and Management, 2000.

［2］An T X, Fan Y J, Zhang H. An analysis of the model of China's industrial restructuring and upgrading-borrowing ideas from the experience of Japan［J］. Energy Procedia, 2001(5): 1461-1466.

［3］Anwar A I, Hasse R, Rabbi F. Location determinants of Indian outward foreign direct investment: How multinationals choose their investment destination?［R］. MPRA Paper No. 47397, 2014.

［4］Archiv W. Determinants of foreign direct investment: A survey［J］. Review of Word Economics, 1980, 116(4): 739-773.

［5］Azadegan A, Wagner S M. Industrial upgrading, exploitative innovations and explorative innovations［J］. International Journal of Production Economics, 2011, 130(1): 54-65.

［6］Barrell R, Pain N. Foreign direct investment, technological change, and economic growth within Europe［J］. Economic Journal, 1997, 107(445): 1770-1786.

［7］Barrios S, Gorg H, Strob E. Foreign direct investment, competition and industrial development in the host country［J］. European Economic Review, 2005, 49(7): 1761-1784.

［8］Blomstrom M, Konan D, Lipsey R. FDI in the restructuring of the Japanese economy［R］. NBER Working Paper No. 7693, 2000.

[9] Branstetter L. Is foreign investment a channel of knowledge spillovers? Evidence from Japan's FDI in the United States[R]. NBER Working Paper No. 8015,2000.

[10] Braunerhjelm P,Oxelheim L,Thulin P. The relationship between domestic and outward foreign direct investment: The role of industry-specific effects[J]. International Business Review,2005 (14):677-694.

[11] Braunerhjelm P, Oxelheim L. Does foreign direct investment replace home country investment? The effect of European integration on the location of Swedish investment[J]. Journal of Common Market Studies,2000,38(2):199-221.

[12] Bruno van Pottelsberghe de la Potterie, Lichtenberg F. Does foreign direct investment transfer technology across borders? [J]. Review of Economics and Statistics,2001,83(3):490-497.

[13] Buckley P J,Clegg L J,Cross A R, et al. The determinants of Chinese outward foreign direct investment [J]. Journal of International Business Studies,2009,40(2):353-354.

[14] Cantwell J A ,Dunning J H,Janne O E M. Towards a technology-seeking explanation of US direct investment in the United Kingdom [J]. Journal of International Management,2004(10):5-20.

[15] Cantwell J,Tolentino P E E. Technological accumulation and third world multinationals[J]. International Investment and Business Studies,1990(139):1-58.

[16] Cao F,Ge Y,Wang J F. Optimal discretization for geographical detectors- based risk assessment[J]. GIScience & Remote Sensing, 2013,50(1):78-92.

[17] Castellani D, Mariottib I, Piscitelloc L. The impact of outward investments on parent company's employment and skill composition:Evidence from the Italian case[J]. Structural Change and Economic Dynamics,2008,19(1):81-94.

[18] Chen T J,Ku Y H. The effect of overseas investment on domestic

employment[M]. Chicago:University of Chicago Press,2005.

[19] Cook G A S,Pandit N R,Hans L,et al. Geographic clustering and outward foreign direct investment [J]. International Business Review,2012,21(6):1112-1121.

[20] Debaere P,Lee H,Lee J. It matters where you go:Outward foreign direct investment and multinational employment growth at home [J]. Journal of Development Economics,2010,91(2):301-309.

[21] Deng P. Investing for strategic resources and its rationale:The case of outward FDI from Chinese companies[J]. Business Horizons, 2007(50):71-81.

[22] Denzer-Schulz A. Home country effects of outward foreign direct investment: Theoretical approach and empirical evidence [J]. Interchange,2015,26 (2):211-213.

[23] Dowling M,Cheang C T. Shifting comparative advantage in Asia: New tests of the "Flying Geese" model[J]. Journal of Asian Economics,2000,11(4):443-463.

[24] Driffield N,Love J H,Taylor K. Productivity and labour demand effects of inward and outward foreign direct investment on UK industry[J]. Manchester School,2009,77(2):171-203.

[25] Driffield N, Love J H. Foreign direct investment, technology sourcing and reverse spillovers[J]. Manchester School, 2003, 71 (6):659-672.

[26] Driscoll J C,Kraay A C. Consistent covariance matrix estimation with spatially dependent panel data [J]. Review of Economics & Statistics,1998,80(4):549-560.

[27] Dunning J H. Reappraising the eclectic paradigm in an age of alliance capitalism[J]. Journal of International Business Studies, 1995,26(3):461-491.

[28] Eliaa S,Mariottib I,Piscitelloa L. The impact of outward FDI on the home country's labour demand and skill composition [J]. International Business Review,2009,4(18):357-372.

[29] Ernst D. Global production networks and industrial upgrading-a knowledge-centered approach [R]. East-west Center Working Paper, 2001.

[30] Federico S, Minerva G A. Outward FDI and local employment growth in Italy[J]. Review of World Economics, 2007, 144(2):295-324.

[31] Gereffi G. International trade and industrial upgrading in the apparel commodity chain[J]. Journal of International Economics, 1999, 48(1):37-70.

[32] Gereffi G. The global economy: Organization, governance, and development [EB/OL]. (2015-09-18)[2016-04-12]. https://www.researchgate.net/publication/281870242_The_Global_Economy_Organization_Governance_and_Development.

[33] Goedegebuure R V. The effects of outward foreign direct investment on domestic investment[J]. Investment Management and Financial Innovations, 2006, 3(1):9-22.

[34] He W, Lyles M A. China's outward foreign direct investment[J]. Business Horizons, 2008, 51(6):485-491.

[35] Hejazi W, Safarian A E. The complementarity between US foreign direct investment stock and trade[J]. Atlantic Economic Journal, 2001, 29(4):420-437.

[36] Helpman E, Melitz M J, Yeaple S R. Export versus FDI with heterogeneous firms[J]. American Economic Review, 2004, 94(1):300-316.

[37] Hertenstein P, Sutherland D, Anderson J. Internationalization within networks: Exploring the relationship between inward and outward FDI in China's auto components industry[M]. New York: Springer US, 2015.

[38] Hu Y, Wang J F, Li X H, et al. Geographical detector based risk assessment of the under-five mortality in the 2008 Wenchuan earthquake, China[J]. Plos One, 2011, 6(6):1-8.

[39] Hymer S. The efficiency（contradictions）of multinational corporations [J]. American Economic Review, 1970, 60（2）: 441-453.

[40] Hymer S. The International Operations of National Firms: A Study of Direct Foreign Investment[M]. Cambridge: MIT Press, 1976.

[41] James H. Technology sourcing versus technology exploitation: an analysis of US foreign direct investment flows [J]. Applied Economics, 2003, 35(15): 1667-1678.

[42] Jung S S, Chung S S. An analysis of home country trade effects of outward foreign direct investment[J]. ASEAN Economic Bulletin, 2006, 23(2): 160-70.

[43] Kim, S. Effects of Outward Foreign Direct Investment on Home Country Performance: Evidence from Korea [M]. Chicago: University of Chicago Press, 2000.

[44] Kogut B, Chang S J. Technological capabilities and Japanese foreign direct investment in the United States [J]. Review of Economics and Statistics, 1991, 73(3): 401-413.

[45] Kojima K. A macroeconomic approach to foreign direct investment [J]. Hitotsubashi Journal of Economics, 1973, 14(1): 1-21.

[46] Kokko A. The home country effects of FDI in developed economies [R]. EIJS Working Paper No. 225, 2006.

[47] Kugler M. Spillovers from foreign direct investment: Within or between industries? [J]. Journal of Development Economics, 2006, 80(2): 444-477.

[48] Kumar N. Globalization, Foreign Direct Investment and Technology Transfers: Impacts on and Prospects of Developing Countries[M]. New York: United Nations University Press, 2001.

[49] Kyrkilis D, Pantelidis P. Macroeconomic determinants of outward foreign direct investment [J]. International Journal of Social Economics, 2014, 30(7): 827-836.

[50] Lail R B. Multinationals from the third world: Indian firms

investing abroad[J]. Journal of Developing Areas, 1988, 23(1): 159-160.

[51] Liang R, Li B. VAR model Analysis on Japan ODI and Industrial Structural Upgrading[C]. Paris: Atlantis Press, 2010.

[52] Lim S H, Moon H C. Effects of outward foreign direct investment on home country exports: The case of Korean firms [J]. Multinational Business Review, 2001, 9(1): 42-56.

[53] Lipsey R E, Ramstetter E D, Blomstrom M. Outward FDI and parent exports and employment: Japan, the United States and Sweden[J]. NBER Working Paper No. 7623, 2000.

[54] Lipsey R E. Home and host country effects of FDI[R]. NBER Working Paper No. 9203, 2002.

[55] Liu B J. Outward direct investment, reverse import, and domestic production: Evidence from Taiwanese manufacturing firms [J]. Hitotsubashi Journal of Economics, 2005(46): 65-84.

[56] Mani S. Outward foreign direct investment from India and knowledge flows, the case of three automotive firms[J]. Asian Journal of Technology Innovation, 2013, 21(32): 25-38.

[57] Masso J, Varblane U, Vahter P. The effect of outward foreign direct investment on home-country employment in a low-cost transition economy[J]. East European Economics, 2008, 46(6): 25-29.

[58] Michael A W, Arie Y L. Outward foreign direct investment as escape response to home country institutional constraints [J]. Journal of International Business Studies, 2007, 38(4): 579-594.

[59] Michel J. The effects of FDI in R&D on home countries, the case of Switzerland[R]. MPRA Paper No. 6400, 2007.

[60] Morck R, Yeung B Y, Zhao M. Perspectives on China's outward foreign direct investment [J]. Journal of International Business Studies, 2008, 39(3): 337-350.

[61] Mundell R A. International trade and factor mobility[J]. American

Economic Review,1957,47(3):321-335.

[62] Ng L F Y. Changing industrial structure and competitive patterns of manufacturing and non-manufacturing in a small open economy: An entropy measurement [J]. Managerial and Decisions Economics,1995,16(5):547-563.

[63] Ogawa K,Lee C. Returns on capital and outward direct foreign investment:The case of six Japanese industries[J]. Journal of Asian Economics,1995,6(4):437-467.

[64] Park D,Estrada G B. Developing Asia's sovereign wealth funds and outward foreign direct investment[J]. Social Science Electronic Publishing,2009(2):57-85.

[65] Penrose E. Foreign investment and growth of firm[J]. Economic Journal,1956 (60):220-235.

[66] Pietrobelli C,Rabellotti R. Upgrading to Compete:Global Value Chains, Clusters,and SMEs in Latin America[EB/OL]. [2016-05-13]. http:// www. redalyc. org/html/840/84012917012/.

[67] Poon T S. Beyond the global production networks:A case of further upgrading of Taiwan's information technology industry[J]. International Journal of Technology and Globalisation,2004,1(1): 130-144.

[68] Pradhan J P. Outward FDI and knowledge flows:A study of the Indian automotive sector[J]. International Journal of Institutions and Economies,2008,1(1):155-186.

[69] Pradhan J R. The determinants of outward foreign direct investment:a firm-level analysis of Indian manufacturing [J]. Oxford Development Studies,2004,32(4):619-639.

[70] Ramasamy B,Yeung M,Laforet S. China's outward foreign direct investment:location choice and firm ownership [J]. Journal of World Business,2012,47(1):17-25.

[71] Robert E L. Home and host country effects of FDI[R]. NBER Working Paper No. 9293,2002.

[72] Robins F. The uniqueness of Chinese outward foreign direct investment[J]. Asian Business Management,2013,12(5):525-537.

[73] Si Y F,Liefner I,Wang T. Foreign direct investment with Chinese characteristics: A middle path between ownership-location-internalization model and linkage- leverage-learning model[J]. Chinese Geographical Science,2013,23(5):594-606.

[74] Slaughter M J. Production transfer within multinational enterprises and American wages [J]. Journal of International Economics,2000,50(2):449-472.

[75] Svetlii M,Rojec M,Trtnik A. The Restructuring role of outward foreign direct investment by central European firms:The case of Slovenia[J]. Advances in International Marketing, 2000 (10): 53-88.

[76] Tolentino P E. Technological innovation and third world multinationals[M]. New York:Routledge Press,1993.

[77] Tuan C,Ng L F Y. Hong Kong's outward investment and regional economic integration with Guandong:Process and implications[J]. Journal of Asian Economics,1995,6(3):385-405.

[78] Tung R L. The human resource challenge to outward foreign direct investment aspirations from emerging economies:The case of China [J]. International Journal of Human Resource Management,2007, 18(5):868-889.

[79] Vernon R. International investment and international trade in the product cycle[J]. Quarterly Journal of Economics, 1966, 80 (5): 190-208.

[80] Wang J F,Li X H,Christakos G,et al. Geographical detectors-based health risk assessment and its application in the neural tube defects study of the Heshun Region, China [J]. International Journal of Geographical Information Science,2010,24(1):107-127.

[81] Wesson T. A model of asset-seeking foreign direct investment driven by demand conditions [J]. Canadian Journal of Administrative Science,

1999,16(1):1-10.

[82] Yeaple S R. The role of skill endowments in the structure of US Outward foreign direct investment[J]. Review of Economics and Statistics,2003,85(3):726-734.

[83] You K,Solomon O H. China's outward foreign direct investment and domestic investment:An industrial level analysis[J]. China Economic Review,2015,34(7):249-260.

[84] Zhang X X,Daly K. The determinants of China's outward foreign direct investment[J]. Emerging Markets Review, 2011, 12(4): 389-398.

[85] Zhou R M. Empirical Analysis on Outward FDI Promoting Industrial Upgrading in China:Taking Manufacture Industry as the Example[M]. Berlin:Springer Berlin Heidelberg,2015.

[86] 毕硕本,计晗,陈昌春,等. 地理探测器在史前聚落人地关系研究中的应用与分析[J]. 地理科学进展,2015,34(1):118-127.

[87] 曹秋菊. 论国际直接投资与中国产业结构调整[J]. 全国商情(经济理论研究),2006(6):34-36.

[88] 陈建奇. 对外直接投资推动产业结构升级:赶超经济体的经验[J]. 当代经济科学,2014,36(6):71-77.

[89] 陈漓高,张燕. 对外直接投资的产业选择:基于产业地位划分法的分析[J]. 世界经济,2007(10):28-38.

[90] 陈亮恒. 中国对外直接投资的现状及策略选择[J]. 品牌研究,2015(1):96-98.

[91] 程惠芳. 国际直接投资与开放型内生经济增长[J]. 经济研究,2002(10):71-78.

[92] 丛海彬,邹德玲,蒋天颖. 浙江省区域创新平台空间分布特征及其影响因素[J]. 经济地理,2015,35(1):112-118.

[93] 崔日明,俞佳根. 基于空间视角的中国对外直接投资与产业结构升级水平研究[J]. 福建论坛(人文社会科学版),2015(2):26-33.

[94] 大卫·李嘉图. 政治经济学及赋税原理[M]. 郭大力,王亚南,译. 北京:商务印书馆,1976.

[95] 邓伟根. 产业转型:经验、问题与策略[M]. 北京:经济管理出版社,2006.

[96] 丁悦,蔡建明,任周鹏,等. 基于地理探测器的国家级经济技术开发区经济增长率空间分异及影响因素[J]. 地理科学进展,2014,33(5):657-666.

[97] 杜传忠,郭树龙. 中国产业结构升级的影响因素分析——兼论后金融危机时代中国产业结构升级的思路[J]. 广东社会科学,2011(4):60-66.

[98] 杜甲奇. 中国 ODI 对国内产业结构升级是否具有积极作用[J]. 特区经济,2012(8):264-266.

[99] 杜人淮. 基于推动产业结构调整和升级的对外直接投资策略[J]. 经济研究参考,2011(56):22-28.

[100] 樊增强,宋雅楠. 企业国际化动因理论述评[J]. 当代经济研究,2005(9):18-22.

[101] 范飞龙. 论我国对外直接投资的产业选择[J]. 国际贸易问题,2002(11):36-39.

[102] 范欢欢,王相宁. 我国对外直接投资对国内产业结构的影响[J]. 科技管理研究,2006(11):56-58.

[103] 方慧,吕静,段国蕊. 中国承接服务业国际转移产业结构升级效应的实证研究[J]. 世界经济研究,2012(6):58-63.

[104] 方明媚. 中国企业对外直接投资的区位选择[J]. 内蒙古农业大学学报(社会科学版),2008(12):85-88.

[105] 冯春晓. 我国对外直接投资与产业结构优化的实证研究——以制造业为例[J]. 国际贸易问题,2009(8):97-104.

[106] 冯志坚,谭忠真. 对外直接投资与产业升级——基于母国视角的理论分析[J]. 玉溪师范学院学报,2007(11):58-62.

[107] 霍忻. 中国转型期 OFDI 产业结构调整效应分析——基于行业面板数据模型[J]. 贵州财经大学学报,2014(6):95-100.

[108] 嘉蓉梅. 产业结构水平测度模型及对地区的实证考察[J]. 云南社会科学,2012(4):102-105.

[109] 贾妮莎,韩永辉,邹建华. 中国双向 FDI 的产业结构升级效应:理论

机制与实证检验[J]. 国际贸易问题,2014(11):109-120.

[110] 江小涓,杜玲. 对外投资理论及其对中国的借鉴意义[J]. 经济研究参考,2002(73):32-44.

[111] 姜甘伟. 中国对外直接投资的产业结构升级效应研究[D]. 广州:暨南大学,2013.

[112] 姜明. 对外直接投资与产业结构升级[J]. 亚太经济,1999(5):48-49.

[113] 姜泽华,白艳. 产业结构升级的内涵与影响因素分析[J]. 当代经济研究,2006(10):53-56.

[114] 金明玉,王大超. 韩国对外直接投资与产业结构优化研究[J]. 东北亚论坛,2009(3):73-76.

[115] 靖学青. 产业结构高级化与经济增长——对长三角地区的实证分析[J]. 南通大学学报,2008(3):45-49.

[116] 蓝庆新,陈超凡. 新型城镇化推动产业结构升级了吗?——基于中国省级面板数据的空间计量研究[J]. 财经研究,2013,39(12):57-71.

[117] 雷鹏. 我国对外直接投资战略与产业选择[J]. 上海经济研究,2012(6):23-33.

[118] 李逢春. 对外直接投资的母国产业升级效应——来自中国省际面板的实证研究[J]. 国际贸易问题,2012(6):124-134.

[119] 李逢春. 中国对外直接投资推动产业升级的区位和产业选择[J]. 国际经贸探索,2013(2):95-102.

[120] 李国平. 日本对外直接投资的发展与结构变化研究[J]. 现代日本经济,2001(3):8-11.

[121] 李辉. 经济增长与对外投资大国地位的形成[J]. 经济研究,2007(2):38-47.

[122] 李江涛,孟元博. 当前产业升级的困境与对策[J]. 国家行政学院学报,2008(5):81-84.

[123] 李述晟. 制度视角下的中国对外直接投资促进机制研究[D]. 北京:首都经济贸易大学,2013.

[124] 李晓阳,吴彦艳,王雅林. 基于比较优势和企业能力理论视角的产

业升级路径选择研究——以我国汽车产业为例[J].北京交通大学学报(社会科学版),2010,9(2):23-27.

[125] 李新.中国企业对外直接投资的障碍及对策研究[D].长春:吉林大学,2014.

[126] 李优树,杨环.对外直接投资与产业国际竞争力[J].理论与改革,2003(1):76-77.

[127] 李子伦.产业结构升级含义及指数构建研究——基于因子分析法的国际比较[J].当代经济科学,2014,36(1):89-98.

[128] 林晶,吴赐联.福建产业结构升级测度及产业结构优化研究[J].科技管理研究,2014(2):41-44.

[129] 刘辉煌.中国对外直接投资及方式创新[M].长沙:湖南师范大学出版社,2014.

[130] 刘剑钊,姚程飞.中国对外直接投资的产业选择与区位选择分析[J].辽宁师范大学学报(社会科学版),2012,35(5):614-618.

[131] 刘彦随,杨忍.中国县域城镇化的空间特征与形成机理[J].地理学报,2012,67(8):1011-1020.

[132] 刘易斯·威尔斯.第三世界跨国企业[M].上海:上海翻译出版公司,1986.

[133] 刘永萍,王学渊.城市化与产业结构升级协调发展研究[J].齐鲁学刊,2014(2):101-105.

[134] 卢平.对外直接投资母国效应及对中国的启示[J].商场现代化,2009(5):136-137.

[135] 卢晓勇.国际投资理论与发达国家对华直接投资[M].北京:科学出版社,2004.

[136] 马安青.应用直接聚类法对中国各地区产业结构进行类型划分[J].青海师范大学学报(自然科学版),2000(1):45-49.

[137] 马静,陈明.中国对外直接投资产业选择的理论探讨[J].黑龙江社会科学,2008(6):95-97.

[138] 宓红.对外直接投资与宁波市产业结构升级的实证研究[J].对外经贸,2012(10):46-49.

[139] 欧阳峣.基于"大国综合优势"的中国对外直接投资战略[J].财贸

经济,2006(5):57-60.

[140] 潘颖,刘辉煌.中国对外直接投资与产业结构升级关系的实证研究[J].统计与决策,2010(2):102-104.

[141] 沈坤荣,徐礼伯.中国产业结构升级:进展、阻力与对策[J].学海,2014(1):91-99.

[142] 沈于,朱少非.刘易斯拐点、劳动力供求与产业结构升级[J].财经问题研究,2014(1):42-47.

[143] 宋维佳,王军徽.ODI对母国制造业产业升级影响机理分析[J].宏观经济研究,2012(11):39-45.

[144] 宋维佳.基于产业结构调整视角的我国对外直接投资研究[J].社会科学辑刊,2008(2):82-86.

[145] 宋伟良.论中国对外直接投资的产业选择[J].经济社会体制比较,2005(3):111-115.

[146] 孙敬水.计量经济学学习指导与EViews应用指南[M].北京:清华大学出版社,2010.

[147] 谭延明,陈丽珍.我国对外直接投资对国内产业结构影响研究[J].特区经济,2011(12):271-273.

[148] 汤婧,于立新.我国对外直接投资与产业结构调整的关联分析[J].国际贸易问题,2012(11):42-47.

[149] 唐艳.FDI在中国的产业结构升级效应分析与评价[J].财经论丛,2011(1):20-25.

[150] 田金,聂涛.对外直接投资与湖北省产业结构升级的关系分析[J].武汉金融,2013(9):37-42.

[151] 汪琦.对外直接投资对投资国的产业结构调整效应及其传导机制[J].世界经济与政治论坛,2004(1):36-41.

[152] 王飞,朱璋,庄雷.基于产业政策的对外直接投资与产业升级研究[J].南京财经大学学报,2015(2):13-19.

[153] 王红亮,胡伟平,吴驰.空间权重矩阵对空间自相关的影响分析——以湖南省城乡收入差距为例[J].华南师范大学学报,2010(1):110-115.

[154] 王英,周蕾.我国对外直接投资的产业结构升级效应——基于省际

面板数据的实证研究[J].中国地质大学学报(社会科学版),2013
(6):119-124.

[155] 王英.对外直接投资影响产业结构调整的实证分析[J].审计与经济研究,2009(24):85-89.

[156] 王英.中国对外直接投资的产业结构调整效应研究[D].广州:南京航空航天大学,2007.

[157] 王滢淇,阚大学.对外直接投资的产业结构效应——基于省级动态面板数据的实证研究[J].湖北社会科学,2013(5):82-85.

[158] 王玉宝.论中国对外直接投资的产业选择[J].生产力研究,2009(6):124-132.

[159] 魏浩.中国对外直接投资战略及相关问题[J].国际经济合作,2008(6):4-8.

[160] 魏巧琴,杨大楷.对外直接投资与经济增长的关系研究[J].数量经济技术经济研究,2003(1):61-65.

[161] 魏燕,龚新蜀.技术进步、产业结构升级与区域就业差异——基于我国四大经济区31个省级面板数据的实证研究[J].产业经济研究,2012(4):19-27.

[162] 吴进红.开放经济与产业结构升级[M].北京:社会科学文献出版社,2007.

[163] 武晓霞.省际产业结构升级的异质性及影响因素——基于1998年—2010年28个省区的空间面板计量分析[J].经济经纬,2014,31(1):90-95.

[164] 谢杰,刘任余.基于空间视角的中国对外直接投资的影响因素与贸易效应研究[J].国际贸易问题,2011(6):66-74.

[165] 徐彬.空间权重矩阵对Moran I指数影响的模拟分析[D].南京:南京师范大学,2007.

[166] 徐德云.产业结构升级形态决定、测度的一个理论解释及验证[J].财政研究,2008(1):46-49.

[167] 许南,李建军.产品内分工、产业转移与中国产业结构升级[J].管理世界,2012(1):182-183.

[168] 燕敏.我国对外直接投资与产业结构调整的关联性研究[D].长

沙:湖南大学,2007.

[169] 杨建清,周志林.我国对外直接投资对国内产业升级影响的实证分析[J].经济地理,2013(4):120-124.

[170] 杨建清.中国对外直接投资产业升级效应的区域比较研究[J].云南财经大学学报,2015(5):39-44.

[171] 杨仙丽.浙江省对外直接投资与产业结构升级:机理分析与实证研究[J].中共浙江省委党校学报,2013(6):72-76.

[172] 杨先明.发展阶段与国际直接投资[M].北京:商务印书馆,2001.

[173] 杨晓猛.转型国家市场化进程测度的地区差异分析——基于产业结构调整指标的设计与评价[J].世界经济研究,2006(41):72-78.

[174] 姚萍.经济全球化与我国产业结构调整的战略选择[J].湖北经济学院学报,2003,1(6):57-59.

[175] 姚志毅,张亚斌.全球生产网络下对产业结构升级的测度[J].南开经济研究,2011(6):55-64.

[176] 尹德先.加快中国企业对外直接投资的战略研究[D].上海:上海社会科学院,2012.

[177] 尹忠明,李东坤.中国对外直接投资对国内产业升级的作用机理——基于不同投资动机的探讨[J].北方民族大学学报(哲学社会科学版),2015(1):37-41.

[178] 于世海.中国对外直接投资与产业升级互动机制研究[D].武汉:武汉理工大学,2014.

[179] 俞佳根,崔日明.今年我国产业结构的演化与格局转变[J].河南社会科学,2015(82):15-20.

[180] 俞佳根,叶世康.空间视角下中国对外直接投资与产业结构升级水平研究[J].商业时代,2014(34):127-128.

[181] 俞佳根,张海波.宁波工业企业跨国并购现状、问题与对策研究[J].特区经济,2013(2):37-39.

[182] 俞佳根.浙江省对外直接投资与产业结构升级实证研究——基于2002—2012年面板数据[J].财经论丛,2014(8):10-15.

[183] 遇芳.中国对外直接投资的产业升级效应研究[D].北京:中国社会科学院,2013.

[184] 湛东升,张文忠,余建辉,等.基于地理探测器的北京市居民宜居满意度影响机理[J].地理科学进展,2015,34(8):966-975.

[185] 张海波.东亚新兴经济体对外直接投资对母国经济效应研究[D].沈阳:辽宁大学,2011.

[186] 赵春明,何艳.从国际经验看中国对外直接投资的产业和区位选择[J].世界经济,2002(6):38-41.

[187] 赵伟,江东.ODI与中国产业升级:机理分析与尝试性实证[J].浙江大学学报,2010,40(3):116-125.

[188] 喆儒.产业升级——开放条件下中国的政策选择[M].北京:中国经济出版社,2006.

[189] 郑磊.对外直接投资与产业结构升级——基于中国对东盟直接投资的行业数据分析[J].经济问题,2012(2):47-50.

[190] 周昌林,魏建良.产业结构水平测度模型和实证研究——以上海、深圳、宁波为例[J].上海经济研究,2007(6):15-21.

[191] 周升起.OFDI与投资国(地区)产业结构调整:文献综述[J].国际贸易问题,2011(7):135-144.

[192] 周新生.中国对外直接投资的产业选择战略[J].国际经济合作,2007(3):34-37.

[193] 邹一南,石腾超.产业结构升级的就业效应分析[J].上海经济研究,2012(12):3-13.

索　引

后　记

本书是在笔者的博士论文的基础上，经过进一步修改、完善而成。本书之所以能顺利出版，首先特别感谢我的导师崔日明教授。崔老师学识渊博，治学严谨，待人宽容。崔老师时常教导我要专注于学术，不断提高自己；要时刻关注所学专业的前沿知识，要用敏锐的思维经常反省自己。难忘在辽宁大学经济学院攻读博士学位期间的点点滴滴，再一次向崔老师表达我深深的谢意！

此外，还要感谢所有帮助我的老师，他们是闫国庆教授、胡税根教授、王厚双教授、刘钧霆教授、刘洪钟教授、李丹副教授、郭广珍副教授、马爽副教授、张志明博士、张婷玉博士，在求学期间他们给予了我无私的支持和帮助。感谢我的博士同学李洪、孙琪、王岩、黄金宇、王荣林、胡士俊、姚明明、阮文树、Abu Saif 等，难忘与他们共同度过的紧张却又快乐的时光。

作为国家社科基金项目和浙江省自然科学基金项目的部分研究成果，本书得到了浙江省一流学科工商管理、杭州市社科优秀青年人才培育计划、杭州市重点学科国际贸易学、杭州市哲学社会科学重点研究基地"企业社会责任与可持续发展研究中心"的资助，以及浙江大学出版社编辑部老师们的热情帮助，在此表示诚挚谢意！

最后，还要感谢我的父母。生活在农村的父母变卖了家里的宅基地，倾尽全力支持我上大学，让我受到了极为宝贵的高等教育，他们是我生命的港湾。还要特别感谢我的妻子，她非常支持我的决定，在我求学和工作期间毅然承担起照顾老人和孩子的重任,帮我分忧解担,使我能够专心学习,努力工作。

　　由于本人学识有限,本书仍有诸多不足之处,有待在后续研究中进一步完善。

俞佳根

2017 年 7 月